教育部人文社科研究青年基金项目(编号:18YJCZH142)和
湖北省社科基金一般项目(编号:2107047)的阶段性成果

家庭支持型上司行为对工作敬业度的影响机制研究

青国霞 著

武汉大学出版社

图书在版编目(CIP)数据

家庭支持型上司行为对工作敬业度的影响机制研究/青国霞著．
—武汉：武汉大学出版社，2020.12
ISBN 978-7-307-21908-3

Ⅰ.家… Ⅱ.青… Ⅲ.企业—职工—职业道德—研究 Ⅳ.F272.92

中国版本图书馆 CIP 数据核字(2020)第 222333 号

责任编辑：陈　豪　　责任校对：汪欣怡　　版式设计：马　佳

出版发行：**武汉大学出版社**　（430072　武昌　珞珈山）
　　　　（电子邮箱：cbs22@whu.edu.cn　网址：www.wdp.com.cn）
印刷：武汉邮科印务有限公司
开本：720×1000　1/16　印张：12　字数：177 千字　插页：1
版次：2020 年 12 月第 1 版　　2020 年 12 月第 1 次印刷
ISBN 978-7-307-21908-3　　定价：50.00 元

版权所有，不得翻印；凡购我社的图书，如有质量问题，请与当地图书销售部门联系调换。

前　言

党的十九大报告指出，新时代我国社会主要矛盾已经转化为人民日益增长的美好生活需要和不平衡不充分的发展之间的矛盾。因此，必须坚持以人民为中心的发展思想，不断促进人的全面发展。近年来，在积极心理学的影响下，工作敬业度作为员工全身心投入工作角色中的一种积极状态，已成为组织管理的研究者与实践者共同关注的重要问题。大量研究表明，激发员工的工作敬业度不仅能够增强员工的主观幸福感，也是提高个体工作绩效和组织财务绩效的有力保障。然而，随着双职工家庭越来越多地取代"男主外、女主内"的传统家庭模式以及中国"二孩政策"的全面实施，中国员工照顾家庭的责任正在日益增加。同时，随着我国经济的迅速发展，人民的物质生活水平不断得到改善，工作与家庭能够平衡的高质量生活已逐渐成为新时代员工关注的焦点。此时，传统的只重视员工工作需求、忽视员工家庭生活需求的管理模式已难以有效地激励我国员工敬业，而旨在帮助员工处理好工作与家庭关系的家庭支持型上司行为(family-supportive supervisor behavior, FSSB)可能是促进我国员工敬业的重要管理策略。

在系统梳理国内外相关文献的基础上，将现有的研究总结如下：第一，目前 FSSB 的理论研究还处于起步阶段，虽然针对 FSSB 的内涵与测量工具的研究已较为丰富，但缺少对 FSSB 的影响效果及其内在机制和边界条件的研究。在为数不多的关于 FSSB 的作用效果研究中，主要探讨了员工的工作态度(如工作满意度)和工作行为(如组织公民行为)，而鲜有研究

1

涉及员工的工作动机(如工作敬业度)。第二，关于 FSSB 的现有研究基本上都是在西方的文化情境中进行，缺少 FSSB 领域的跨文化应用研究。现有文献仅关注了 FSSB 在个体层次中的积极效果，而疏忽了探究管理者在团队情境中执行 FSSB 的过程及其可能产生的负面效应。第三，虽然国内外学者对工作敬业度已进行了较为深入的研究，并取得了较为丰富的研究成果，但其主要关注工作因素对员工工作敬业度的影响，忽视了家庭生活因素的作用。同时，主要探讨了员工层面的工作敬业度，对团队层面工作敬业度的研究亟待加强。基于此，本书将研究对象界定为企业中的项目团队及其所属的团队成员，对分布在武汉、合肥、深圳、上海和北京的 17 家企业(企业类型涉及制造业、电子信息、电力与电力服务等行业)，采用间隔时间为 3 个月的两阶段问卷调查方式，通过三项实证研究重点探讨 FSSB 在我国文化背景下对员工工作敬业度产生的直接影响、作用机制及其边界条件，以及 FSSB 差异对团队工作敬业度的影响及其内在机制。

第一项实证研究：中国的扩散型文化使得人们更偏好于采用整合观和全局观去看待事物，具体而言，相较于西方员工，中国员工往往不会将社会生活(如工作)和私人生活(如家庭)视为两个分离的生活空间，从而更愿意与社会生活中的成员(如上司)谈论自己私人生活(如家庭)中遇到的问题，同时也会感知到更多的双向工作-家庭增益。因此，该子研究基于资源-获取-发展理论，从双向工作-家庭增益的视角探讨了 FSSB 激发员工工作敬业度的认知驱动路径。

第二项实证研究：认知-情感系统理论认为人们对事物的认知判断和情感体验共同决定了接下来所采取的态度、动机与行为。因此，当员工面对上司所给予的家庭支持资源时，除了通过双向工作-家庭增益的认知判断影响其工作敬业度，也有可能通过情感的驱动机制对其工作敬业度产生影响。因此，该子研究整合社会交换理论与儒家的"感恩和报恩"的互惠规范，从感恩图报的视角探讨了 FSSB 激发员工工作敬业度的情感驱动路径，并考察了员工权力距离倾向对整个影响机制的调节作用。

第三项实证研究：西方的领导-成员交换理论与中国的差序式领导理论

皆表明，团队上司会采取差异化的领导行为对待下属成员。因此，该子研究首先讨论了提出 FSSB 差异概念的必要性和可行性，并界定了此概念的内涵。在此基础上，通过构建多层次理论模型，基于公平理论探讨了 FSSB 差异作为团队情境因素对 FSSB 影响员工工作敬业度的调节作用；基于团队工作敬业度涌现模型探讨了 FSSB 差异作为团队输入要素对团队工作敬业度的影响，以及团队关系冲突在其中的中介作用。

上述研究成果在理论上的贡献为：首先，将工作敬业度的影响因素从工作因素拓展至家庭生活因素，其成果可以丰富员工工作敬业度的前因研究。整合资源-获取-发展理论、社会交换理论以及儒家"感恩与报恩"的互惠规范来阐述员工工作敬业度的决定机理，其成果不仅可以突破过往主要依据工作要求-资源模型来阐述工作敬业度形成机理的研究，也能打开 FSSB 在中国文化情境下影响员工工作敬业度的"黑箱"，从而推动 FSSB 的跨文化应用研究。其次，提出 FSSB 差异的概念，通过整合公平理论与团队工作敬业度涌现模型，系统地考察 FSSB 差异分别作为团队中的情境因素与输入因素对员工和团队产生的影响，其成果不仅可以拓展 FSSB 的多层面理论体系研究，也可以在一定程度上丰富差异化领导理论的研究。此外，探讨团队工作敬业度的影响因素和作用机理的研究，其成果可弥补现有文献较少关注不同层次工作敬业度存在本质区别的局限性，同时也能够进一步丰富与完善团队工作敬业度的理论体系研究。对管理实践的启示为：首先，为我国企业在社会转型期如何激励员工敬业提供一种经济高效、可操作性强的干预措施，为企业制订 FSSB 培训计划提供理论依据。其次，为管理者尤其是团队管理者如何执行 FSSB 以更好地激励员工与团队敬业提供针对性的管理对策。最后，本书对于提升员工幸福感、构建和谐的雇佣关系以及促进整个社会的和谐发展皆有一定的启示意义。

目 录

第 1 章 绪论 ········· 1
 1.1 研究背景 ········· 1
 1.2 研究问题 ········· 3
 1.3 研究目的 ········· 4
 1.4 研究意义 ········· 6
  1.4.1 理论意义 ········· 6
  1.4.2 现实意义 ········· 8
 1.5 研究方法、结构安排和技术路线 ········· 9
  1.5.1 研究方法 ········· 9
  1.5.2 结构安排与技术路线 ········· 10
 1.6 研究的创新点 ········· 13

第 2 章 FSSB 与工作敬业度文献综述 ········· 16
 2.1 FSSB 研究综述 ········· 16
  2.1.1 FSSB 的内涵 ········· 16
  2.1.2 FSSB 的维度与测量 ········· 18
  2.1.3 FSSB 的影响效果与作用机制 ········· 19
  2.1.4 FSSB 的影响因素 ········· 22
  2.1.5 FSSB 的研究小结 ········· 22
 2.2 员工工作敬业度研究综述 ········· 24

  2.2.1 员工工作敬业度的内涵 …………………………………… 24
  2.2.2 员工工作敬业度的维度与测量 …………………………… 26
  2.2.3 员工工作敬业度的影响因素与作用机理 ………………… 27
  2.2.4 员工工作敬业度的作用效果研究 ………………………… 31
  2.2.5 员工工作敬业度的研究小结 ……………………………… 32
 2.3 本章小结 …………………………………………………………… 33

第3章 核心概念的界定与理论基础 …………………………………… 37
 3.1 核心概念的界定 …………………………………………………… 37
  3.1.1 FSSB 及其相关概念的辨析 ……………………………… 37
  3.1.2 员工工作敬业度及其相关概念的辨析 …………………… 39
  3.1.3 团队工作敬业度及其相关概念的辨析 …………………… 40
  3.1.4 家庭支持型上司行为差异(FSSB 差异) ………………… 42
  3.1.5 双向工作-家庭增益(bidirectional work-family
      enrichment) ………………………………………………… 42
  3.1.6 感恩图报(gratitude-repayment) ………………………… 42
  3.1.7 权力距离倾向(power distance orientation) …………… 43
  3.1.8 团队关系冲突(team relationship conflict) ……………… 43
 3.2 工作-家庭增益的理论基础 ………………………………………… 44
  3.2.1 工作-家庭增益的研究背景与思路 ………………………… 44
  3.2.2 工作-家庭增益的研究方法与过程 ………………………… 45
  3.2.3 工作-家庭增益的概念、维度和测量 ……………………… 45
  3.2.4 工作-家庭增益的理论模型 ………………………………… 49
  3.2.5 工作-家庭增益的实证研究进展 …………………………… 53
  3.2.6 工作-家庭增益的未来研究方向 …………………………… 57

第4章 FSSB 与员工工作敬业度：双向工作-家庭增益的中介作用 …… 63
 4.1 问题的提出 ………………………………………………………… 63

4.2 理论和假设 … 65
4.2.1 FSSB与员工工作敬业度(资源-获取-发展理论视角) … 65
4.2.2 双向工作-家庭增益的中介作用 … 67
4.3 研究方法 … 69
4.3.1 研究样本与数据收集 … 69
4.3.2 测量工具 … 70
4.3.3 统计分析方法 … 72
4.4 研究结果 … 72
4.4.1 验证性因子分析 … 72
4.4.2 共同方法偏差检验 … 73
4.4.3 描述性统计结果 … 74
4.4.4 假设检验 … 74
4.5 结果讨论 … 77
4.5.1 理论意义 … 78
4.5.2 管理启示 … 79
4.5.3 研究局限和展望 … 80
4.6 本章小结 … 80

第5章 FSSB与员工工作敬业度：感恩图报与权力距离倾向的作用 … 82
5.1 问题的提出 … 82
5.2 理论和假设 … 84
5.2.1 FSSB与员工工作敬业度(社会交换理论视角) … 84
5.2.2 感恩图报的中介作用 … 85
5.2.3 权力距离倾向的调节作用 … 88
5.3 研究方法 … 90
5.3.1 研究样本与数据收集 … 90
5.3.2 测量工具 … 91

  5.3.3 统计分析方法 …………………………………………… 92
5.4 研究结果 ……………………………………………………………… 92
  5.4.1 验证性因子分析 ………………………………………… 92
  5.4.2 共同方法偏差检验 ……………………………………… 93
  5.4.3 描述性统计结果 ………………………………………… 94
  5.4.4 假设检验 ………………………………………………… 96
5.5 结果讨论 ……………………………………………………………… 99
  5.5.1 理论意义 ………………………………………………… 99
  5.5.2 管理启示 ………………………………………………… 101
  5.5.3 研究局限和展望 ………………………………………… 102
5.6 本章小结 ……………………………………………………………… 102

第6章 FSSB 及其差异对工作敬业度的多层次作用机制 …… 104

6.1 问题的提出 …………………………………………………………… 104
6.2 理论和假设 …………………………………………………………… 108
  6.2.1 FSSB 与员工工作敬业度 ……………………………… 108
  6.2.2 FSSB 差异对 FSSB 影响员工工作敬业度的调节作用 …… 108
  6.2.3 FSSB 差异与团队工作敬业度 ………………………… 111
  6.2.4 团队关系冲突的中介作用 ……………………………… 113
6.3 研究方法 ……………………………………………………………… 115
  6.3.1 研究样本与数据收集 …………………………………… 115
  6.3.2 测量工具 ………………………………………………… 116
  6.3.3 统计分析方法 …………………………………………… 118
6.4 研究结果 ……………………………………………………………… 118
  6.4.1 验证性因子分析 ………………………………………… 118
  6.4.2 共同方法偏差检验 ……………………………………… 119
  6.4.3 描述性统计结果 ………………………………………… 120
  6.4.4 假设检验 ………………………………………………… 123

  6.5　结果讨论 …………………………………………… 126
    6.5.1　理论意义 ……………………………………… 127
    6.5.2　管理启示 ……………………………………… 130
    6.5.3　研究局限和展望 ……………………………… 131
  6.6　本章小结 …………………………………………… 133

第 7 章　总结与展望 ………………………………………… 134
  7.1　总体研究结论 ……………………………………… 134
  7.2　理论启示 …………………………………………… 136
  7.3　研究不足与展望 …………………………………… 138

参考文献 …………………………………………………… 141

附录　研究所用量表 ……………………………………… 171

第1章 绪　　论

1.1　研究背景

近年来,在积极心理学的影响下,工作敬业度作为员工全身心投入工作角色中的一种积极状态,引起组织管理研究者的高度重视(Bakker & Albrecht, 2018)。尤其是进入21世纪,全球化市场竞争的态势愈演愈烈,激发员工的工作敬业度已成为组织在竞争中站稳脚跟并获得持续竞争优势的利器(Lu, Rowley, & Vo, 2019)。这是因为敬业的员工对工作拥有积极乐观的心态,这有利于员工的身心健康,并帮助其感知到更多的主观幸福感(Van, Bakker, & Derks, 2017)。同时,敬业的员工在工作中能够全情投入,即使面对困难也能坚持不懈,并且会主动地获取更多的工作资源去解决工作中的难题,这正是提高员工个体工作绩效的有力保障(Bakker & Schaufeli, 2008; Rich, Lepine, & Crawford, 2010)。更为重要的是,敬业的员工可以将自身的敬业精神传递给身边的同事(Bakker, van Emmerik, & Euwema, 2006; Costa, Passos, & Bakker, 2014a),从而使整个组织的经营业绩得到提升(Harter, Schmidt, & Hayes, 2002)。因此,研究如何通过有效的管理策略去开发并提升员工的工作敬业度意义重大。

然而,新时代背景下,随着双职工家庭越来越多地取代"男主外,女主内"的传统家庭模式以及二胎政策的全面实施,我国员工照顾家庭的责任正在日益增加(马红宇等,2016)。特别是最近十多年来,为了应对激烈的全球化竞争,管理者对员工工作的要求正在不断提高。日益增加的家庭责任与不断提高的工作要求让员工难以协调好工作与家庭之间的关系,也难以全身心地投入于工作角色中。同时,随着我国经济的迅速发展和人民物质生活水平的不断改善,工作与家庭能够平衡的高质量生活已成为现代员工关注的焦点(Greenhaus & Kossek,2014)。正如全球领先的咨询公司韬睿惠悦在《2012年全球员工意见调研》中所言,中国员工对工作的期望不再局限于薪资和职业发展,也包括工作与生活平衡。但回顾改革开放的30余年,我国管理者大多奉行"经济目标优先"的经营理念以及"以厂为家"的经营哲学(Chen,1995)。受此影响,管理者主要强调员工对组织的忠诚,而忽视了员工对家庭的责任(刘永强,赵曙明,2006)。哈佛商学院约瑟夫·福勒研究团队在2019年的调查报告中说:"雇主们几乎完全忽略了帮助员工履行个人照顾家庭的义务,但处理好这一问题,其实可以发展成为一种最大化员工工作敬业度、最小化员工流失率的机制。"

显然,传统的只重视员工工作需求、忽视员工家庭生活需求的管理模式已难以有效地激励我国员工敬业。而旨在帮助员工处理好工作与家庭关系的家庭支持型上司行为(family-supportive supervisor behavior,FSSB),可能是促进我国员工敬业的重要管理策略。过往研究已经显示,FSSB能够有效提高员工的工作满意度,并大幅度降低员工离职倾向(Crain & Stevens,2018)。然而,纵观目前关于FSSB和工作敬业度的理论研究现状,仍然存在以下不足:一是主要关注了工作因素对工作敬业度的影响,忽视了家庭生活因素的作用;二是关于FSSB影响效果的内在机制以及相关的边界条件都较为匮乏;三是缺少FSSB的跨文化应用研究;四是仅关注了FSSB在个体层次中的积极效果,忽视了探究管理者在团队情境中执行FSSB的过程及其可能产生的负面效应。因此,聚焦这两者的关系,不仅在理论上具有重大拓展的可能,而且是当前管理实践的迫切需要。尤为重要的是,党的十九大报告指出,新时代我国社会主要矛盾已经转化为人民日益增长的美好生活需要和不平衡不充分的发展之间的矛盾。因此,本书的研究无疑为缓解新时代我国社会主要矛盾、促进人的全面发展提供了思路。

1.2 研究问题

基于上述的理论研究背景并立足于中国企业所面临的困惑，本书将关注 FSSB 和工作敬业度两者之间关系的最核心、最前沿的两个问题。

一是，在个体层次中 FSSB 影响我国员工工作敬业度的本土化作用机理是什么？目前，关于 FSSB 的研究基本上都是在西方的文化情境中进行（马红宇等，2016；宋一晓等，2016），其能否应用于中国文化情境尚需考察。首先，与西方倾向于将事物视为独立与分离的特定型文化（specific culture）相比，中国的扩散型文化（diffuse culture）使得人们更偏好于采用整合观和全局观去看待事物（Hoecklin，1995；Powell，et al.，2009）。其次，千百年来，影响中华民族生命底色的儒家文化强调民众在人际交往中应该遵循"受人滴水之恩，必当涌泉相报"的互惠规范（Yang，1957；樊景立，郑伯埙，2000）。最后，随着中国市场经济体制改革的逐渐深入以及国民受教育程度的日益提高，个体对权力距离的感知正在不断减小（廖建桥等，2010）。基于上述中国存在的特殊文化背景，本书首先提出以下科学问题：FSSB 能成为驱动我国员工敬业的有效因素吗？如果能，如何影响？中国的扩散型文化和"感恩与报恩"的互惠规范会对两者的作用机理产生怎样的影响？作为个体重要文化价值观的权力距离倾向究竟是促进还是抑制两者的关系？

二是，在团队层次中 FSSB 差异作为情境因素会对个体层次中 FSSB 的有效性产生跨层次的调节效应吗？其作为输入因素又会对整个团队的工作敬业度产生怎样的影响？随着全球经济一体化进程的加快，具有迅速反应特征的团队工作模式已成为组织应对竞争的重要手段（张艳清等，2015）。作为团队管理者，除了要充分激励成员个体的工作敬业度，也要提升整个团队的工作敬业度。然而，现有研究仅探讨了 FSSB 在个体层次中的积极影响（Williams，et al.，2016），却忽视了关注在团队情境中执行 FSSB 的过程及其可能产生的负面效应。基于中国的文化背景，一方面，我国社会和组织中较强的"圈子"文化可能使得中国的领导者根据"亲、忠、才"将下属区分为"自己人"和"外人"后进行差别对待（郑伯埙，1995，2004）。在资源有限的情况下，领导者会给予"自己人"更多的经济资源和社会情感资源（孙立平，1996）。亦即在团队情境中，我国的管理者可能会按照亲疏有别的差异化方式来实施 FSSB，从而导致成员之间对 FSSB 的感知存在差异性。另一方面，受儒家文化中"不患寡，而患不均"的分配理念影响，我国员工可能会更加在意和敏感于上司差异化的 FSSB，从而产生较大影响。鉴于此，本书提出以下科学问题：FSSB 差异作为团队中的情境因素是增强了还是减弱了个体层次中 FSSB 的有效性？其作为输入因素又会如何影响团队工作敬业度？

1.3　研究目的

为了解决上述科学问题，本书基于中国文化情境，运用有调节的中介效应模型和多层线性模型两种国际前沿的技术方法，深入系统地研究 FSSB 对工作敬业度的多层次作用机理。具体而言，本书包括以下四个研究目的：

第一，从双向工作-家庭增益的视角探讨 FSSB 在中国文化情境下影响员工工作敬业度的认知驱动路径。相比西方文化背景，中国的扩散型文化（diffuse culture）使得人们往往不会将工作（社会生活）和家庭（私人生活）作为两个分离的生活空间（Trompenaars & Hampden-Turner，1998），他们愿意甚至希望与他们的上司（社会生活的一员）讨论在家庭生活中遇到的问题（私人生活）（Wang, Walumbwa, & Wang, et al., 2013）。也就是说，我国员工可能会更加适应并且积极回应 FSSB。不仅如此，由于中国员工更偏好于将工作与家庭生活作为一个整体，因而可能会体验并感知到更多的工作→家庭增益与家庭→工作增益。因此，本书的首个研究目的就是基于资源-获取-发展理论（Wayne, Grzywacz, & Carlson, et al., 2007），考察FSSB 对员工工作敬业度的直接影响以及双向工作-家庭增益在两者关系之中所发挥的中介效应。此外，由于过往研究主要是依据工作要求-资源模型验证上司给予的工作支持对员工工作敬业度的积极影响（Crawford, et al., 2010; Nahrgang, et al., 2011），因此，本书将上司工作支持作为关键的控制变量，以检验FSSB是否具有额外增加的解释量。

第二，从感恩图报的视角探究FSSB与员工工作敬业度关系之间的本土化情感驱动路径，并进一步考察员工权力距离倾向在上述关系中的调节效应。由于人们往往会在感性需求所产生的情感驱动下做出决策和行动，因而FSSB除了通过中国员工对双向工作-家庭增益的认知评价来激励其敬业，也有可能通过影响他们的积极情感进而激发他们的工作敬业。鉴于中国以及整个亚洲地区的组织行为学都缺乏本土文化特色的研究（Tsui, Schoonhoven, & Meyer, et al., 2004; 张志学，鞠冬，马力，2014），本书积极响应马红宇等学者（2016）关于加强探究FSSB本土化作用机制的呼吁，试图在影响中华民族生命底色的儒家思想（Confucian）中探寻FSSB影响员工工作敬业度的内在"释意系统"。为此，本书的第二个研究目的是基于中国传统的儒家文化中所蕴含的"感恩与报恩"互惠规范，并结合与其有着异曲同工之妙的西方社会交换理论（Blau, 1964），探究感恩图报这种中国员工特有的积极情绪能否作为FSSB影响员工工作敬业度的本土化中介机制。在此基础上，本书将进一步拓展FSSB发挥作用的文化边界条件。近年来，随着中国改革进程的逐步深入、中西方文化的不断融合以及人们教育水平的逐渐提高，作为个体文化价值观重要维度的权力距离倾向（Dorfman & Howell, 1988）正在不断地降低（廖建桥，赵君，张永军，2010；杨国枢，1992）。因此，本书将考察我国员工的权力距离倾向在FSSB通过感恩图报影响员工工作敬业度的整个机制中所发挥的调节作用，以契合学者们关于更多地探究中国员工的权力距离倾向影响领导行为有效性的呼吁（廖建桥等，2010；张燕，怀明云，2012；李锐，田晓明，柳士顺，2015）。

第三，通过构建多层次理论模型，探讨FSSB差异作为团队情境因素对FSSB有效性的跨层次调节效应，同时，探究FSSB差异作为团队输入因素对团队工作敬业度的影响效果及其作用机理。21世纪以来，团队工作模式已成为组织应对全球化竞争的重要手段（张艳清等，2015；Torrente, et al., 2012)。为了指导管理者在团队情境中更好地实施 FSSB 以及在理论上丰富 FSSB 的多层次研究体系,本书试图将目前仅局限在个体层次中关注 FSSB 影响效果的研究拓展至团队层次中。首先,依据西方的领导-成员交换(leader-member exchange,LMX)理论(Dienesch & Liden, 1986)、中国的差序式领导理论(郑伯埙, 1995, 2004)以及 FSSB 本身具有差别对待下属成员的属性(Hammer, et al., 2009;马红宇等, 2016),本书将差异化领导的理论应用到 FSSB 的研究领域,提出 FSSB 差异的构念。在此基础上,本书基于公平理论(Adams, 1965),探讨 FSSB 差异作为团队中的情境变量是否会在 FSSB 与员工工作敬业度之间的关系中起着调节作用,从而积极回应学者们关于加强探究领导行为差异影响领导行为有效性的呼吁(Li, He, & Yam, et al., 2015;Liao, Liu, & Loi, 2010)。此外,激励员工个体敬业固然非常重要,但在组织情境中,仅有个别员工的敬业却很难对团队和组织产生较大的影响,只有提升团队工作敬业度才能显著改善团队以及组织的整体绩效(Bakker, et al., 2006;Torrente, et al., 2012)。为此,本书将基于团队工作敬业度涌现模型(Costa, et al., 2014a),考察 FSSB 差异对团队工作敬业度的影响以及团队关系冲突在上述关系中的中介作用,进而积极响应学者们关于加强探究团队工作敬业度的影响因素及其作用机理的呼吁(Costa, et al., 2014a;Torrente, et al., 2012)。

第四,在上述研究的基础上,本书最后的研究目的是将理论研究的成果应用于实践,为中国企业在社会转型期如何激励员工和整个团队的敬业提供具体的管理对策。同时,也为企业管理者如何有效地执行 FSSB,特别是在团队情境中如何实施 FSSB 提供针对性的建议。

1.4 研究意义

1.4.1 理论意义

本书的理论意义主要有以下四个方面:

第一，丰富了员工工作敬业度的理论研究。过往针对工作敬业度的影响因素研究，主要聚焦于工作因素（Crawford，et al.，2010；Nahrgang，et al.，2011），而对非工作的生活因素却较少关注。本书控制了上司给予员工的工作支持因素后，检验FSSB是否可以成为驱动员工敬业的又一重要因素，进而将工作敬业度的影响因素从工作领域拓展至家庭领域。与此同时，本书从资源-获取-发展理论（Wayne，et al.，2007）、社会交换理论（Blau，1964）并结合儒家"感恩与报恩"的互惠规范来阐述员工工作敬业度的决定机理，从而丰富了过往主要依据工作要求-资源模型（Crawford，et al.，2010；Nahrgang，et al.，2011）来阐述工作敬业度形成机理的研究。

第二，揭示了FSSB影响员工工作敬业度的中介机制和边界条件。本书基于中国文化情境，依据资源-获取-发展理论（Wayne，et al.，2007），从双向工作-家庭增益的视角考察FSSB促进中国员工敬业的认知驱动路径。接着，深度挖掘儒家文化中"感恩与报恩"的互惠规范，并结合西方的社会交换理论（Blau，1964），从感恩图报的视角检验了FSSB激励中国员工敬业的情感驱动路径。进一步地，本书检验员工权力距离倾向对FSSB的有效性是否存在调节作用。通过上述研究，本书打开了FSSB在中国文化情境下影响员工工作敬业度的"黑箱"，拓展了FSSB的跨文化应用研究，进而响应了杨中芳（2014）关于中国组织管理的学者们应更多地在本土文化脉络中寻找"释意系统"的呼吁。

第三，拓展了FSSB的多层次理论研究。目前学术界仅关注了员工个体感知的FSSB及其对员工态度和行为所产生的积极影响（Straub，2012；马红宇等，2016），却忽视了考察管理者在团队情境中实施FSSB的过程及其对员工和团队产生的影响。鉴于组织对团队工作模式的日益依赖（张艳清等，2015；Torrente，et al.，2012），为了指导FSSB有效地运用于团队情境中，本书依据西方LMX理论、中国差序式领导理论以及FSSB本身具有的差别对待下属成员的属性，首次将差异化领导理论拓展至FSSB的研究领域，并提出FSSB差异的概念。在此基础上，本书将FSSB差异分别作为团队中的情境因素和输入因素，系统地考察其对员工和团队产生的影响。上述研究不仅能够拓宽 FSSB 的多层面理论体系，也在一定程度上丰富了差异化领导理论的研究。

第四，丰富了团队工作敬业度的理论研究。目前学术界主要聚焦于员工工作敬业度的研究，而鲜有研究探讨团队工作敬业度的影响因素及其形成机理(Costa, et al., 2014a)。不仅如此，现有少量的关于团队工作敬业度影响机理的研究，仍依据工作要求-资源模型来阐述支持性氛围等团队资源是驱动团队敬业的影响因素(Torrente, et al., 2012)，而没有考虑团队工作的动态过程机制对团队工作敬业度的影响(Costa, et al., 2014a)。为此，本书基于团队工作敬业度涌现模型(Costa, et al., 2014a)，考察 FSSB 差异对团队工作敬业度的影响以及团队关系冲突在两者关系之间的中介作用。这不仅能够拓展团队工作敬业度的影响因素和作用机理的研究，也验证了 Costa 等学者(2014a)关于团队工作敬业度和员工工作敬业度的形成机理存在本质区别的论断。

1.4.2 现实意义

本书的现实意义主要体现在以下三个方面：

第一，为组织激励员工敬业提供一种经济高效、可操作性强的干预措施。新时代背景下，工作与家庭能够平衡的高质量生活已成为现代员工关注的焦点。在此影响下，传统的只重视员工工作需求、忽视员工家庭生活需求的管理模式已无法有效地激励现代员工敬业。本书所深入研究的 FSSB 是旨在帮助员工处理好工作与家庭关系的管理策略，是一种能够通过培训而获得和提升的管理技能。这为组织激励员工敬业提供了新的思路，同时也提供了一种经济高效、可操作性强的干预措施。

第二，为我国的管理者尤其是团队管理者制订针对性的 FSSB 培训计划。本书基于中国特殊的文化情境，通过探究双向工作-家庭增益和感恩图报在 FSSB 与员工工作敬业度之间所起的中介作用，以及考察员工权力距离倾向和 FSSB 差异对 FSSB 有效性的影响，揭示了 FSSB 影响中国员工工作敬业度的作用机制和权变因素。这为企业如何制订针对性的 FSSB 培训计划提供了理论依据，也为管理者尤其是团队管理者如何执行 FSSB 以更好地激励员工敬业提供了借鉴。此外，通过探究 FSSB 差异对团队工作敬业度的影响以及团队关系冲突在两者关系之中的中介作用，为团队管理者如何激励团队敬业提供了针对性的建议。这有助于形成具有中国特色的 FSSB 管理模式，从而为我国的管理者尤其是团队管理者激励员工和团队敬业提供针对性的 FSSB 培训计划。

第三，有助于构建和谐的劳动关系，有利于缓解新时代我国社会的主要矛盾。本书揭示了有效地执行 FSSB 不仅可以增强员工的幸福感、促进员工的全面发展，也能够提升团队和组织的绩效水平，进而有助于构建和谐的员工-组织关系，有利于缓解人民日益增长的美好生活需要和不平衡不充分的发展之间的矛盾。

1.5 研究方法、结构安排和技术路线

1.5.1 研究方法

1. 文献研究法

笔者对国内外与"FSSB"和"工作敬业度"等概念相关的研究文献进行系统回顾与梳理，以确定本书在立意、理论与方法上始终处于前沿。同时，深入挖掘中国的特殊文化情境，重点关注扩散型文化、儒家思想中的"感恩与报恩"和"不患寡，而患不均"的内涵。在上述基础上，运用规范研究法提出整体研究框架。

2. 两阶段问卷调查法

过往相关实证研究主要采用了横截面数据，这可能会产生较大的共同方法偏差，从而影响研究结论的正确性。本书采用间隔时间为三个月的两阶段问卷调查方法，同时团队层面的变量根据员工感知的变量进行构建和

聚合，从而最大程度上降低共同方法偏差和社会称许效应。此外，现有文献中研究样本较为单一，大多来自同一个组织或同一种职业，从而制约了相关研究结论的实践意义和理论价值。本书采用一个相当异质的样本，被调研的单位来自国内5个不同省份的17家企业，并且涉及制造业、服务业以及建筑业等多个行业，以有效避免行业、地理区域等情境限制对研究结论普适性的影响。

3. 实证研究法

主要包括以下两种技术方法：

(1) 有调节的中介效应模型检验个体层次变量关系。采用 Edwards、Lambert(2007) 提出的"有调节的中介效应模型"进行假设检验，此方法能系统地考察中介变量和调节变量同时在模型中存在并发挥作用的大小、显著性及差异。

(2) 多层线性模型检验跨层次变量关系。本书的研究跨越了团队层次和个体层次，属于跨层次直接作用模型。因此，采用多层线性模型检验跨越团队与个体层次的假设检验。

1.5.2 结构安排与技术路线

本书首先论述 FSSB 及其差异与员工和团队工作敬业度之间关系的理论和现实意义；接着，对 FSSB 与员工工作敬业度的相关文献进行系统的回顾与梳理，并找出以往研究的不足以及未来研究的突破口；同时，对本书相关的核心概念进行界定与辨析，并对近年来基于积极视角研究的工作-家庭增益进行总结与述评；在此基础上，通过企业调研对 FSSB 与员工工作敬业度的关系与作用机制，以及 FSSB 及其差异影响员工和团队工作敬业度的多层次作用机制进行实证研究；最后，对全书进行总结，并指出后续研究的方向。

本书主要通过以下三个阶段来完成：第一阶段为文献综述和理论回顾，为本书的整个研究奠定理论基础；第二阶段为核心部分，通过三项实证研究来全面考察FSSB及其差异对员工与团队工作敬业度的影响和多层次的作用机制;第三阶段为总结与展望,对研究结论进行系统的归纳和总结,并提出未来研究的方向。本书的主要内容具体安排如下:

第1章为绪论。内容包括本书的研究背景、研究目的与意义、研究框架、结构安排与技术路线以及本书的主要创新点。

第2章为文献综述。通过对FSSB与员工工作敬业度两个核心概念的当前研究现状进行系统的回顾与梳理,总结出以往研究的不足以及未来研究的发展趋势,进而为本书的三个子研究奠定理论基础。

第3章为概念界定与工作-家庭增益的理论基础。对家庭支持型上司行为(FSSB)、家庭支持型上司行为差异(FSSB差异)、员工工作敬业度、团队工作敬业度、双向工作-家庭增益、感恩图报、权力距离倾向和团队关系冲突进行概念的界定,并对工作家庭界面的积极研究视角——工作-家庭增益进行系统的总结与述评。

第4章是关于FSSB通过认知驱动路径激发员工工作敬业度的实证研究。基于中国的扩散型文化,依据资源-获取-发展理论(Wayne, et al., 2007),探究FSSB对员工工作敬业度的直接影响,以及工作→家庭增益和家庭→工作增益在两者关系之中的双中介效应。

第5章是关于FSSB通过本土化的情感驱动路径激励员工敬业的实证研究。深度挖掘中国传统儒家文化中所蕴含的"感恩与报恩"意识,在此基础上,以西方的社会交换理论(Blau, 1964)和儒家"感恩与报恩"的互惠规范为整体理论框架,探讨中国人际交往中的特殊情感-感恩图报在FSSB与员工工作敬业度关系之间的中介效应,并考察员工权力距离倾向在整个影响机制中所发挥的调节效应。

第6章是关于FSSB及其差异通过多层次作用机制影响员工与团队工作敬业度的实证研究。综合西方的LMX理论(Dienesch & Liden, 1986)、中国的差序式领导理论(郑伯埙, 1995, 2004)和FSSB的内涵(Hammer, et al., 2009),本书将差异化领导理论运用到FSSB的研究领域,提出FSSB差异的概念。在此基础上,基于公平理论(Adams, 1965),探讨FSSB差异作为团队中的情境因素在 FSSB 与员工工作敬业度关系中的调节作用。此外，基于团队工作敬业度涌现模型（Costa，et al.，2014a），探究 FSSB 差异作为团队中的输入因素对团队工作敬业度的影响以及团队关系冲突在上述关系中的中介作用。

第 7 章为总结部分。对本书的主要研究结果进行讨论，总结出理论价值与实践启示，并且指出本书的不足以及未来研究的发展方向。

本书的研究框架与技术路线如图 1-1 所示。

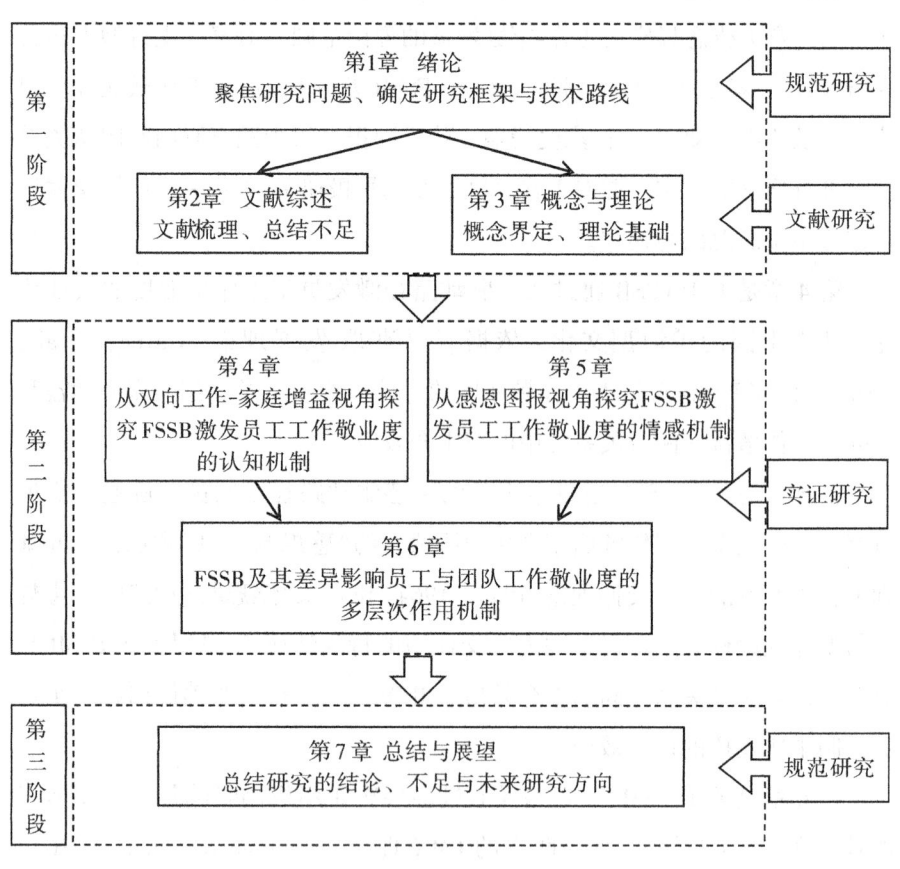

图 1-1 研究框架与技术路线

1.6 研究的创新点

本书的创新点主要体现在以下六个方面。

第一,基于中国文化背景,从边界跨越资源的角度探讨了如何激发员工的工作敬业度。一方面,过往研究主要验证了满足员工工作需求的工作资源(如上司的工作支持)是激励员工敬业的重要因素(Crawford, et al., 2010; Nahrgang, et al., 2011),而鲜有研究关注满足员工家庭需求的边界跨越资源(如FSSB)对员工工作敬业度的影响。另一方面,目前学术界针对FSSB的理论研究还处于起步阶段(Straub, 2012; 马红宇等, 2016),为数不多的相关研究基本上是在西方文化背景下进行的,缺乏FSSB理论的跨文化应用研究(马红宇等, 2016)。为此,本书基于不同于西方的中国文化背景,并将上司的工作支持作为重要的控制变量,检验并发现了FSSB是促进我国员工敬业的又一重要因素。这不仅突破了现有研究的关注点,将工作敬业度的影响因素从工作域延伸至了家庭域,同时也拓展了FSSB的跨文化应用研究。

第二,从双向工作-家庭增益的视角明晰了FSSB激励员工敬业的认知驱动路径。相对于西方的特定型文化,中国具有较强的扩散型文化(Powell, et al., 2009)。在此文化影响下,中国员工看待事物更加倾向于采取全局观和整合观(Hoecklin, 1995)。具体而言,中国员工普遍偏好于将工作与家庭生活看做一个整体(Powell, et al., 2009),这使得他们更加愿意甚至期待与自己的上司(工作中的成员)讨论自己的家庭生活(Wang, et al., 2013),进而可能会更加积极回应管理者的FSSB。与此同时,工作与家庭生活的整合观也会让中国员工经历较多的双向工作-家庭增益。基于上述分析,本书以资源-获取-发展理论(Wayne, et al., 2007)为整体理论框架,考察并发现了双向工作-家庭增益在FSSB与员工工作敬业度之间起着中介作用。这不仅揭示了FSSB激励员工敬业的内在机制,也丰富了过往主要依据工作-要求资源模型解释工作敬业度形成机理的研究(Crawford, et al., 2010; Nahrgang, et al., 2011)。

第三，从感恩图报的视角揭示了 FSSB 促进员工敬业的情感驱动路径，并进一步探讨了员工权力距离倾向在上述关系中所发挥的调节作用。面对 FSSB，中国员工除了通过对双向工作-家庭增益的认知评价来影响自身的工作敬业度，也有可能通过感性的情感驱动提升其工作敬业度。为了积极契合学者们关于加强研究 FSSB 本土化作用机制的呼吁（马红宇等，2016），本书在影响中华民族生命底色的儒家思想中探寻了 FSSB 影响我国员工敬业的内在"释意系统"。依据西方的社会交换理论（Blau, 1964）和儒家文化的"感恩与报恩"互惠规范，本书验证了中国员工特有的积极情感——感恩图报在 FSSB 与员工工作敬业度之间起着中介作用。在此基础上，为了拓展 FSSB 的文化权变因素，本书检验并发现了我国员工的权力距离倾向在 FSSB-感恩图报-员工工作敬业度这一作用机制中发挥着负向调节效应。通过上述研究，不仅揭示了 FSSB 影响我国员工敬业的本土化作用机制，也深化了 FSSB 的跨文化应用研究。

第四，提出了 FSSB 差异的概念。目前学术界仅关注了 FSSB 在员工个体层次中的积极影响（Straub, 2012; 马红宇等，2016），而忽视了探究团队管理者在团队情境中执行 FSSB 的过程及其潜在的消极影响。然而随着全球化竞争的日益激烈，组织已越来越依赖具有迅速反应特征的团队工作模式来应对高度动态性、复杂性和不确定性的市场环境（Torrente, et al., 2012; 张艳清等，2015）。为了指导团队管理者更好地实施 FSSB，本书在综合考量了西方的 LMX 理论（Dienesch & Liden, 1986）、中国的差序式领导理论（郑伯埙，1995，2004）以及 FSSB 本身属性的基础上，首次将差异化领导理论运用于 FSSB 的研究领域，提出了 FSSB 差异的构念。这一构念的提出，不仅将 FSSB 的理论研究视角从个体层面拓展至了团队层面，同时也丰富了差异化领导行为的类型。

第五，剖析了 FSSB 差异作为团队中的情境因素对 FSSB 影响员工工作敬业度的跨层次调节作用。在多层次理论（multilevel theory）的推动下，学者们已经发现员工在组织情境下的心理和行为不仅会受到个体的影响，也会受到群体、组织甚至社会等多个层面因素的影响(Klein & Kozlowski, 2000; Kozlowski & Klein, 2000)。因此，组织管理研究领域的学者们强调应重视较高层次的情境变量对较低层次变量的跨层次调节作用(张志学, 2010; 张志学, 鞠冬, 马力, 2014)。同时，目前学术界也才刚刚兴起对差异化领导行为的研究(Wu, Tsui, & Kinicki, 2010; 张艳清等, 2015)，因而鲜有研究考察团队成员感知的领导行为差异作为情境变量对领导行为有效性的影响(Li, He, & Yam, et al., 2015)。为此，本书依据公平理论(Adams, 1965)，从团队成员偏好的资源分配方式、FSSB 本身的社会情感资源属性以及中国员工普遍具有的"不患寡，而患不均"的分配价值观进行分析，通过检验发现 FSSB 差异在 FSSB 与员工工作敬业度之间存在显著的负向调节效应。这不仅深化了 FSSB 的多层面研究体系，也在一定程度上丰富了差异化领导的理论研究。

第六，揭示了 FSSB 差异作为团队中的输入要素对团队工作敬业度的影响效果和作用机制。近年来，学者们在组织多层次理论的推动下已经逐渐意识到探究团队工作敬业度的重要性(Costa, et al., 2014a, 2014b; Torrente, et al., 2012)。然而，目前学术界主要探讨的是如何激发员工的工作敬业度，却鲜有研究关注如何激发团队的工作敬业度(Costa, et al., 2014a)。虽然 Torrente 等学者(2010)通过实证研究发现团队中的支持性氛围等资源是激励团队敬业的重要因素，但他们仍然是基于工作-要求资源模型来进行阐述的，而没有考虑团队工作敬业度和员工工作敬业度的本质区别，即忽视了团队工作中的人际互动过程对团队工作敬业度的影响(Costa, et al., 2014a)。基于此，本书利用团队工作敬业度涌现模型(Costa, et al., 2014a)，检验并发现了 FSSB 差异对团队工作敬业度存在显著的负向影响，且上述负向影响是通过增加团队关系冲突导致的。上述研究一方面丰富了团队工作敬业度的理论研究，另一方面也将 FSSB 的影响效果拓展至了团队层面，进而深化了 FSSB 的多层次理论研究。

第 2 章　FSSB 与工作敬业度文献综述

本章对 FSSB 与员工工作敬业度的当前研究现状进行系统的回顾与梳理；在此基础上，分别指出两者现有研究的不足与未来发展方向；最后，对文献进行总结，同时引出本书的研究内容。

2.1　FSSB 研究综述

在本节内容中，首先，对 FSSB 的内涵、维度与测量进行梳理；接着，重点辨析了 FSSB 与上司的一般性支持和施恩行为两个概念的区别；然后，结合近年的实证研究成果，对 FSSB 的影响效果、作用机制以及影响因素进行重点分析；最后，总结 FSSB 当前研究的不足与发展趋势。

2.1.1　FSSB 的内涵

Thomas 和 Ganster(1995)在有关组织家庭支持有助于缓解员工工作-家庭冲突的研究中，首次提出了家庭支持型上司(family-supportive supervisor)的概念，并将其定义为"对员工期望获得工作与家庭的平衡具有同理心的上司"。同时，Thomas 和 Ganster(1995)列举了家庭支持型上司的具体支持事例，如能够认真聆听下属诉说履行家庭责任时所面临的困难并给予理解，允许下属在工作时间接听重要的私人电话，以及在特殊情况下允许下属带着孩子来上班等。从 Thomas 和 Ganster(1995)所给出的定义来看，他们更侧重于上司提供给下属的情感性家庭支持。从概念的阐述来看，家庭支持型上司的内容既包含上司个体的角色行为,也包含上司作为管理者的角色行为,但是并没有总结出具体的行为类型。随后,Clark(2001)将家庭支持型上司界定为"对员工履行家庭责任给予理解的上司"。显然,Clark(2001)也认为情感性支持是家庭支持型上司的重要内容。

然而,Hammer 等(2007)认为,单一的情感性支持无法体现家庭支持型上司的全部内涵。为了更好地帮助上司执行好家庭支持型的行为,同时通过针对性的培训来提升上司的实施水平,有必要梳理并总结出上司给予下属家庭支持的具体行为类型。据此,Hammer 等(2007)在过往研究的基础上发展出了家庭支持型上司行为(family-supportive supervisor behaviors, FSSB)的概念,将其界定为"上司帮助员工履行家庭责任的管理行为"。同时,他们总结出了具体的四种行为类型,即情感支持(emotional support)、工具支持(instrumental support)、创新管理(creative management)和角色模范(role model)(Hammer, et al., 2007; Hammer, et al., 2009)。

情感支持指上司能够敏锐地觉察到下属对工作-家庭平衡的诉求,并能够给予理解与尊重。具体体现为:能够主动地关心下属,考虑下属的感受,当下属需要和上司沟通与家庭相关的事项时,让下属感觉很舒适。例如,上司主动询问现有的工作安排是否会干扰到家庭生活。工具支持指上司在日常的管理中,当下属出现了工作与家庭相互冲突的事项时,能够提供灵活且具有弹性的工作安排帮助员工处理好工作与家庭的关系。例如,积极调整工作时间要求以应对员工的需求。与上司被动地提供应急方案不同,创新管理是上司主动地从员工与组织"双赢"的视角进行筹划与重组工作安排(包括重构工作的时间、地点或方式),以帮助下属有效地履行好工作与家庭的职责。例如,进行轮岗培训,既可以满足下属在特殊时期照顾家庭的需要(如照顾生病的家人),也可以让下属学习到其他工作岗位上的技能并能够胜任多种工作,从而也会使公司的人才储备系统得到增强。角色模范是上司自身能够展现出工作与家庭平衡的榜样行为。例如,与下属分享自己或其他成功人士有效管理工作与家庭的好方法。

由此可见,FSSB 的概念更为清晰地界定了情感支持的内容以及上司应该如何有效地表达出对下属的情感支持。同时，在 Thomas 和 Ganster (1995)提及的事例基础上丰富并提炼出了工具支持的维度。总的来看，上述两个维度是对过往相关研究的继承和完善，但创新管理与角色模范两个维度则是对过往相关研究的开拓与创新。创新管理维度是从员工与组织"双赢"的视角来探讨上司如何帮助员工履行责任，改变了过往仅关注满足员工个体的家庭生活需求而忽视组织利益的家庭干预策略。角色模范维度是上司通过自己有效的工作-家庭平衡来影响下属，其理论基础是社会学习理论(Bandura，1977)。因此，FSSB 构念整合了社会学习理论和社会支持理论(过往家庭支持型上司的理论依据)，从而在理论层面上进行了拓展。

尽管 Hammer 等学者将 FSSB 的概念界定为上司帮助员工履行家庭职责的管理行为，但从 FSSB 的内涵来看，FSSB 并不仅仅包括对员工家庭的支持，也包括通过对员工工作的支持而帮助员工更好地履行家庭责任，从而实现员工与组织的"双赢"。因此，本书参照马红宇等学者(2016)的观点，将 FSSB 的概念界定为"上司帮助员工处理好工作与家庭关系的管理行为"，具体包括情感支持、工具支持、创新管理和角色模范四种行为类型。

2.1.2　FSSB 的维度与测量

Hammer 等(2007)通过文献回顾与梳理，发现过往针对家庭支持型上司的测量方法中，大多只包含了情感支持一个维度，同时，这些测量方式也没有清晰地区分出专门针对家庭生活提供支持的上司行为。作为回应，Hammer 等(2009)开发出一个包含情感支持、工具支持、创新管理和角色模范 4 个维度、共 14 个测量题项的量表。由下属对自己上司的 FSSB 进行评价，得分越高表示 FSSB 的水平越高。通过验证性因子分析，该量表(α=0.93)取得了良好的信度与效度。其中，情感支持维度包含 4 个测量题项，α 为 0.90；工具支持维度包含 3 个测量题项，α 为 0.86；创新管理维度包含 4 个测量题项，α 为 0.86；角色模范维度包含 3 个测量题项，α 为 0.86。

在此基础上，Hammer 等(2013)为了更快捷地测量 FSSB，从 14 个测量题项中抽取出最有代表性的 4 个题项,开发出了 FSSB 量表的简易版本。虽然,目前工作-家庭领域研究中较多地使用了简易版本的 FSSB 量表,但如果要完整与细致地测量出 FSSB 4 个维度的内容,使用 14 个测量题项的量表会得到更为翔实的结果(马红宇等,2016)。

2.1.3 FSSB 的影响效果与作用机制

由于 FSSB 可操作性强,近几年已迅速成为工作-家庭研究领域的新兴话题。通过对相关文献的梳理,发现现有研究主要是基于资源保存理论(conservation of resources theory,COR 理论)(Hobfoll,1989)和社会交换理论(social exchange theory,SET)(Blau,1964)两个视角展开,从员工的工作-家庭界面以及工作的相关表现两个层面探讨了 FSSB 的积极影响效果,并从实证的角度进行了验证。

1. 基于资源保存理论的研究

现有的文献中,学者们主要是基于 COR 理论,探讨了 FSSB 对工作-家庭冲突的缓解作用。COR 理论认为,人类的基本动机就是获得(obtain)、保留(retain)和保护(protect)他们所珍惜的事物,这些事物被称为资源(Hobfoll,1989)。FSSB 是工作场所的一种重要边界跨越资源(boundary-spanning resources)(Voydanoff,2005),它通过降低员工工作与家庭两个领域不同需求所产生的压力,帮助员工保存工作与家庭两个领域的资源,进而使员工感知到自己拥有更多的资源来处理工作与家庭的冲突事项(e.g.,Hammer,et al.,2009;Kossek,et al.,2011)。同时,在积极心理学的推动下,学者们也逐渐开始探讨 FSSB 对工作-家庭增益的积极影响,同时也验证了 COR 理论中的资源获取螺旋(resource gain spiral)假设(Odle-Dusseau,et al.,2012;姜海等,2015)。此外,现有研究也发现,FSSB 通过帮助员工平衡工作与家庭之间的关系,进而使员工产生了积极的工作态度与行为(Odle-Dusseau,et al.,2012;姜海等,2015)。为了更清晰地展现相关研究成果,本书绘制了表 2-1。

表 2-1 FSSB 对结果变量的影响（资源保存理论视角）

作者	样本来源	中介变量	调节变量	结果变量
Hammer 等（2009）	123 名美国多家超市员工			工作→家庭冲突（-）
Kossek 等（2011）	元分析	组织家庭支持感（+）		工作→家庭冲突（-）
Greenhaus 等（2012）	170 名美国不同行业员工	工作→家庭冲突（-）家庭→工作冲突（-）		工作→家庭平衡（+）
Odle-Dusseau 等（2012）	174 名美国一家医院员工	工作→家庭增益（+）家庭→工作增益（+）		组织承诺（+）组织公民行为（+）离职倾向（-）
姜海等（2015）	358 名中国多家企事业单位员工	工作→家庭增益（+）	边界控制感（+）	工作满意感

2. 基于社会交换理论的研究

基于社会交换理论（SET）以及在此理论基础上发展起来的组织支持理论（organizational support theory，OST）（Eisenberger, et al., 1986），学者们主要探讨了 FSSB 对员工工作领域表现的积极影响。SET 认为，当一方给予另一方对其具有重要作用的资源时，会激发另一方回报的意愿（Blau, 1964; Gouldner, 1960）。FSSB 是上司善意地帮助员工履行工作与家庭责任的重要资源，对于员工而言具有重要的作用。因此，当上司执行 FSSB 时，不仅能够提升领导-成员交换（leader-member exchange，LMX）关系（Bagger & Li, 2014）和员工对上司的关系认同感（Wang, et al., 2013），也能够增强员工的工作时间控制感和基于组织的自尊（Aryee, et al., 2013），从而最终改善了员工在工作领域的表现（Aryee, et al., 2013; Bagger & Li, 2014; Wang, et al., 2013）。本书通过绘制表 2-2 来总结现有文献的相关研究成果。

表 2-2　FSSB 对结果变量的影响(社会交换理论视角)

作者	样本来源	中介变量	调节变量	结果变量
Bagger 和 Li(2014)	研究1：82名美国员工　研究2：225名美国员工	LMX 关系(+)	研究2：家庭友好福利政策(-)	研究1：工作满意度(+)与离职倾向(-)　研究2：任务绩效(+)与针对上司的公民行为(+)
Wang 等(2013)	中国一家制药合资企业的76名上司与209名下属成员	上司关系认同(+)　工作满意度(+)	工作-家庭冲突(+)	组织公民行为(+)　任务绩效(+)
Aryee 等(2013)	韩国12家企业的230名员工以及与其配对的上司	工作时间控制感(+)　基于组织的自尊(+)		关系绩效(+)　员工退缩行为(-)

3. FSSB 发挥效用的边界条件

总体上来看，当前研究对于何种情境因素会影响 FSSB 有效性的问题关注得还比较少。为数不多的相关实证研究中，主要是从员工个体需求的差异以及组织供给的差异两个视角展开。从员工个体需求的差异来看，现有文献主要关注了员工的工作-家庭冲突水平(Hammer, et al., 2011；Wang, et al., 2013)。Hammer 等(2011)在关于 FSSB 的干预研究中发现，员工的家庭-工作冲突水平越高，对 FSSB 的心理需求就越强烈，对上司执行的 FSSB 也就越敏感。因而，员工的家庭-工作冲突水平增强了 FSSB 的干预措施对员工工作满意度的积极影响及其对员工离职意愿的负向影响。类似地，Wang 等(2013)在实证研究中发现，员工的工作-家庭冲突水平正向调节了 FSSB 中的情感支持与工作满意感的正向关系。此外，姜海等

(2015)在关于FSSB影响员工工作态度的研究中发现，员工的边界控制感越强，FSSB就越能提升员工的工作满意感。从组织供给的差异来看，Bagger和Li(2014)考察了组织提供的家庭福利政策对FSSB与LMX关系的调节效应，研究结果表明，组织的家庭福利政策越少，FSSB对LMX关系的正向影响就越强。

2.1.4 FSSB的影响因素

由于学术界对FSSB的研究才刚刚兴起，目前学者们主要探讨了FSSB的作用效果，有关FSSB的影响因素研究还比较少(Straub, 2012；马红宇等，2016)。为数不多的相关研究主要考察了上司与下属的人口统计学变量(如性别、种族等)差异对FSSB的影响，但并未取得一致的研究结论。Hopkins(2002)研究发现，当上司与下属是不同的性别时，上司会更认真对待下属的个人问题，因而会给予下属更多的家庭支持。然而，Foley等(2006)却得出了与之相反的研究结论，他们发现，当上司与下属具有相同的性别和种族时，会由于较强的社会认同而导致上司提供更多的家庭支持。

2.1.5 FSSB的研究小结

通过对现有文献的回顾与梳理，本书发现目前学术界对于FSSB的相关研究仍处于起步阶段。虽然针对FSSB的内涵与测量工具的研究已较为丰富，但是还有很多问题需要进一步探索。就问题解决的迫切性和可行性而言，本书认为未来研究应主要从以下三个方面进行深入探讨。

第一，针对FSSB的影响效果研究需要进一步加强。首先，主要关注了FSSB对员工工作-家庭冲突的影响，而对员工工作-家庭增益的作用效果研究则相对匮乏(Odle-Dusseau, et al., 2012；姜海等，2015)；其次，主要探讨了FSSB对员工工作态度(如工作满意度)和工作行为(如组织公民行为)的作用，但鲜有研究关注其对工作动机(如工作敬业度)的影响(Rofcanin, et al., 2016)；再次，仅在员工个体层面探讨了FSSB的作用效果

(Williams, et al., 2016), 而忽视了关注其对团队层面的影响; 同时, 仅关注了 FSSB 的积极影响(马红宇等, 2016), 却忽视了探讨在团队情景中由于成员之间对 FSSB 的不同感知而可能产生的消极影响; 最后, 大量研究只探讨了 FSSB 中情感支持维度的影响效果(e.g., Aryee, et al., 2013; Bagger & Li, 2014; Wang, et al., 2013), 但是对于其他三个维度作用效果的探讨相对不足。

第二, 关于 FSSB 影响效果的作用机理、中介机制及其边界条件有待深入探讨。首先, 作用机理研究较为单一。现有的关于 FSSB 与员工工作-家庭界面关系的研究中(e.g., Hammer, et al., 2009; Odle-Dusseau, et al., 2012; 姜海等, 2015), 主要的理论依据就是 COR 理论(Hobfoll, 1989)。COR 理论是被广泛应用于阐述员工如何应对压力的理论体系, 能够较好地解释 FSSB 对员工工作-家庭冲突的缓解作用。但是, 工作-家庭增益属于积极心理学的研究范畴, 未来研究应尝试用积极的理论视角(如资源-获取-发展理论)去丰富 FSSB 影响工作-家庭增益的机理研究。其次, 中介机制研究较为缺乏。尽管现有的实证研究中已较多地探讨了 FSSB 的积极影响效果, 但对于其内在的作用机制研究却较少涉及(姜海等, 2015; 马宏宇等, 2016)。因此, 未来研究应着重于厘清 FSSB 发挥效用的内在机制, 这不仅可以深化 FSSB 的理论研究, 也能够推动 FSSB 在管理实践中的应用。最后, 边界条件研究比较薄弱。在员工个体需求的差异中, 已经关注了员工的工作-家庭冲突水平(Hammer, et al., 2011; Wang, et al., 2013)、边界控制感(姜海等, 2015)对 FSSB 有效性的影响, 但忽视了员工文化价值观的作用。同时, 仅从员工需求和组织供给视角探讨了 FSSB 效用发挥的边界条件, 而忽视了团队情境变量(如团队成员对 FSSB 的感知差异性)的影响。

第三, 关于 FSSB 的跨文化研究亟须拓展。FSSB 的概念与内涵都是在西方文化情境中提出并发展起来的, 与之相关的实证研究也主要以西方国家的员工为研究样本。鉴于中西方文化存在的较大差异(Tsui, et al., 2004; 张志学等, 2014), 未来研究应积极探讨 FSSB 能否适应、为何适应以及如何适应我国的文化背景。相较于西方的特定型文化(specific culture)，中国具有较强的扩散型文化(diffuse culture)(Powell, et al., 2009)。在此文化影响下，中国员工更偏好于将工作域和家庭域看做一个相互交融的整体，而很难将两者分割开来(Wang, et al., 2013)。因此，中国员工允许工作域中的成员(如上司)进入自己的家庭生活空间(Trompenaars & Hampden-Turner, 1998)。根据上述分析，对我国员工开展 FSSB 可能会有更加积极的影响效果。但与此同时，一方面，在"圈子"文化的影响下，我国社会和组织中的领导者往往会对"圈子内"的人给予更多的偏私照顾(杨国枢，1992；郑伯埙，1991)。在此影响下，我国企业中的团队管理者也可能会按照亲疏有别的差异化方式来对员工实施 FSSB；另一方面，我国员工不仅受到中国传统儒家文化中"不患寡，而患不均"的分配理念影响，也受到集体主义文化的熏陶，进而导致他们对团队管理者执行的差异化 FSSB 更加在意和敏感，最终可能会对团队成员以及整个团队产生较大的负面影响。综上所述，FSSB 如何在我国文化情境下发挥最大的效用值得学者们在未来的研究中深入探讨。

2.2 员工工作敬业度研究综述

本节内容首先对员工工作敬业度的内涵、维度与测量进行阐述，同时，对与其相近的概念进行辨析；其次，分别从工作要求-资源模型、心理状态模型、心理需求模型三个理论视角对工作敬业度的影响因素与作用机理进行总结，并归纳出员工工作敬业度的作用效果研究；最后，对员工工作敬业度研究中存在的局限与不足进行小结。

2.2.1 员工工作敬业度的内涵

最早在学术领域对敬业度展开研究的是学者 Kahn。借鉴角色理论(role theory)，Kahn(1990)通过对 16 名老师和 16 名企业员工展开的人种学研究，第一次将敬业度作为一个独立的研究概念，并将其定义为："员工在工作角色中投入自己能量的程度。"依据能量的内涵,具体分为生理、认知、和情感三个方面的能量。根据Kahn(1990)的观点,员工在工作中的敬业度有三个主要特征:其一,工作敬业度是与工作任务相关的,而不是与组织相关的。其二,工作敬业度包含了员工在工作角色中生理的、情感的和认知的多方面投入,这种体验是丰富的并且是全面的。其三,工作敬业度本质上是一个动机的概念,代表个人资源在工作角色中的积极分配(Rich, Lepine, & Crawford, 2010)。此外,该定义的重要启示在于,自我和角色是一种动态的、可协调的关系,个体对工作角色中投入的能量具有控制权。

然而,在随后的十多年中,学术界关于敬业度的理论研究几乎处于停滞状态。一直到近年来,随着积极心理学(Positive Psychology)的兴起,员工敬业度才迅速成为学术界关注的热点(Schaufeli, Salanova, & Gonzalez-Roma, et al., 2002)。继 Kahn(1990)之后,比较具有代表性的观点有:Schaufeli 等(2002)认为,敬业度是员工在工作中的一种积极的、令人愉悦的并且富有成就感的心理状态,具有活力、奉献和专注的特征。Wellins 和 Concelman(2005)认为敬业度是承诺、忠诚以及主人翁精神的综合体,这是一种提升绩效水平的隐形力量。Saks(2006)认为员工敬业度是由认知、情感和行为三个部分组成的与员工个体绩效水平密切相关的概念。Robinson 等(2007)提出敬业度包括两个组成部分,一是员工对组织的积极态度,二是员工对工作的积极态度。Macey 和 Schneider(2008)将员工敬业度划分为特质敬业度、心理状态敬业度以及行为敬业度三个不同但是相关的维度。其中,特质敬业度指员工倾向于从特定的视角去理解工作的意义;心理状态敬业度是行为敬业度的一种近端影响因素(包括工作满意度、组织承诺等);行为敬业度则是指个体在工作中自主性的努力程度。

由于本书在个体层面中所关注的是员工与工作之间的关系,因此选择了员工工作敬业度的概念。本书认为,Kahn(1990)与Schaufeli 等(2002)的研究更能体现员工工作敬业度的内涵,因此,结合上述两项研究的观点,本书将员工工作敬业度界定为员工全身心投入到工作角色中的一种积极状态。

2.2.2 员工工作敬业度的维度与测量

Kahn(1990)将员工工作敬业度区分为生理、认知和情感三个维度,其中,生理敬业是指员工具有生理上的体力与精力,并且愿意将之全情投入于工作角色中;认知敬业是指员工通过认知判断认识到工作角色的重要性与使命感,并意识到自身拥有完成工作所具备的能力与资源;情感敬业是指由于员工对工作产生了意义感,对同事产生了信任感,进而愿意为工作奉献出自己的时间与资源。但是,Kahn(1990)并未开发量表对其进行测量。

根据 Kahn(1990)的研究成果,学者们陆续展开了对工作敬业度构念的操作化研究,其中以学者 Schaufeli 为代表开发的工作敬业度量表(Utrecht Work Engagement Scale,UWES),逐步得到了学术界的认可,也使得工作敬业度的测量逐步趋于统一。Schaufeli 等(2002)通过访谈拥有较高绩效水平的员工,编制了 UWES 量表。该量表包含 17 个题项(完整版)和 9 个题项(简略版)两种版本,用来测量精力充沛、乐于奉献和专心致志三个维度。精力充沛是指员工在工作中始终保持饱满的精神状态,乐于奉献是指员工对自己的工作充满热情,专心致志是指员工完全沉浸于工作之中(Schaufeli, et al., 2002)。

UWES 量表已经在全球多个国家进行了检测,既包括西方发达国家(Schaufeli & Bakker, 2010),也包括中国(张轶文,甘怡群,2005),还有南非(Storm, 2003)等不发达国家。验证性因子分析的结果大多证实了 Schaufeli 等(2002)提出的三因子模型,并且内部一致性信度和跨文化的稳定性均得到了较好的验证(Schaufeli, et al., 2002;Storm, 2003;张轶文,甘怡群,2005)。此外,Bakker 等学者(2006)提出,由于 UWES 量表的三个维度相关性较高,增加了多层共线性的干扰风险,因此建议在实证研究中将 UWES 作为单维度量表,而不是概念上所划分的三维度量表。

2.2.3 员工工作敬业度的影响因素与作用机理

通过对工作敬业度研究的系统梳理，发现现有研究主要从工作要求-资源模型、心理状态模型和心理需要模型三种理论视角探讨了员工工作敬业度的影响前因与作用机理。

1. 基于工作要求-资源模型的研究

工作要求-资源模型(job demand-resource model，JD-R 模型)是由 Schaufeli 和 Bakker(2004)提出的用于解释员工工作敬业度与工作倦怠形成机理的理论模型(参见图 2-1)。JD-R 模型首先将工作领域中的各种要素区分为工作要求(job demand)和工作资源(job resource)两种类别。工作要求指工作本身要求员工持续投入生理或心理的努力，包括工作超载、时间压力和恶劣的工作环境等。工作资源是用于满足工作要求、有助于获取工作目标并激励个体成长和发展的工作因素，包括工作控制、发展机会、任务多样性、绩效反馈以及社会支持等。

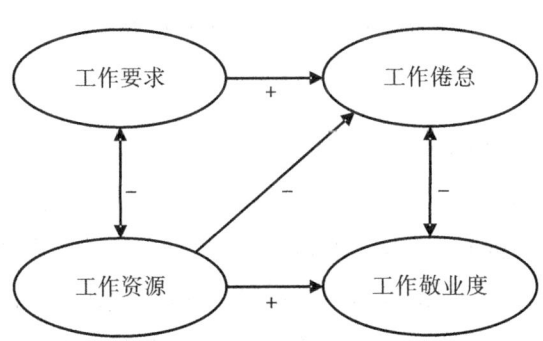

图 2-1 工作要求-资源模型

来源：根据 Schaufeli & Bakker(2004)整理所得。

通过对工作敬业度影响因素的系统梳理，本书发现目前学术界主要是基于 JD-R 模型，集中于探讨工作领域内的工作资源与工作要求对工作敬业度的影响(Crawford, et al., 2010; Nahrgang, et al., 2011)。根据 JD-R 模型,工作资源既能满足员工的学习、成长和发展的需求,也能满足员工的自主和胜任的需求。也就是说,工作资源满足了员工敬业的内部动机,因而提升了员工的工作敬业度(Bakker & Demerouti, 2007; Schaufeli & Bakker, 2004)。这在后来的研究中也得到了证实,Crawford 等(2010)和 Nahrgang 等(2011)均通过元分析检验,发现了工作资源与工作敬业度呈显著的正向关系。此外,Bakker 和 Demerouti(2007)通过实证研究发现,工作要求越高,工作资源对工作敬业度的正向影响越强。在上述研究的基础上,Bakker 和 Demerouti(2008)进一步完善了 JD-R 模型(参见图 2-2)。如图 2-2 所示,在完善的 JD-R 模型中拓展了工作资源影响工作敬业度的边界条件。

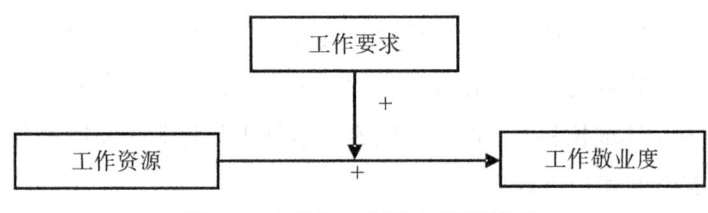

图 2-2 完善的工作要求-资源模型

来源:根据 Bakker & Demerouti(2008)整理所得。

虽然上述 JD-R 模型可以较好地解释工作资源与工作敬业度的正向关系,但基于该视角探讨工作要求与工作敬业度的关系却得出了不一致的研究结论(Bakker, van Emmerik, & Euwema, 2006)。为了解决理论上存在的争议,Crawford 等(2010)又进一步拓展了 JD-R 模型,将工作要求区分为抑制性与挑战性两种工作要求。工作要求具体属于抑制性的还是属于挑战性的,主要取决于员工的看法。具体而言,当员工把工作要求看做一种消极的阻力时,那么此工作要求就是抑制性的工作要求,就会对工作敬业度产生负面影响;相反,当员工把工作要求视为一种积极的挑战来应对时,那么此工作要求就是挑战性的工作要求,会显著提升员工的工作敬业度。根据上述研究成果,本书整理出完备的 JD-R 模型,如图 2-3 所示。

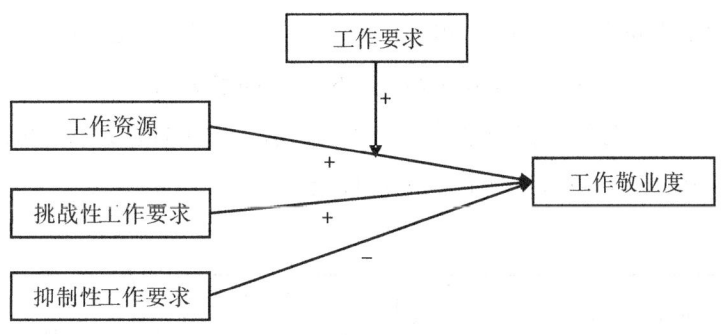

图 2-3　完备的工作要求-资源模型
来源：根据 Crawford 等(2010)和 Bakker & Demerouti(2008)整理所得。

2. 基于心理状态模型的视角

Kahn(1990)提出的角色敬业度理论认为，人们能否敬业取决于自我在工作角色中的三种心理感受，即心理意义感、心理可用感和心理安全感，如图 2-4 所示。心理意义感是指员工在全情投入于工作后期望有所收获的感觉，心理可用感是指员工对敬业所需的体力和情感等资源是否拥有的感觉，心理安全感是指员工不会因为全身心投入于工作中而产生冒险的感觉。员工在工作中会根据所在的工作场所进行感知，产生不同程度的心理意义感、心理可用感和心理安全感，进而调整自身在工作中的敬业程度。这三种心理感受分别回答了员工为何敬业、员工何时敬业以及员工如何敬业的问题。首先，员工为何敬业？心理意义感是人们感觉到全身心投入到工作中是值得的、有用的和有价值的，能够满足个体存在的需求，实现工作和生活的意义。因此，心理意义感增加了员工对工作角色投入的动机(Kahn, 1990)。其次，员工如何敬业？作为社会系统的成员，人们要处理生活中工作和非工作的不同需求(Kahn, 1990)。员工能否全身心投入工作中，取决于个体不会因为在非工作中消耗的能量而减少其在工作时所需的资源，心理可用感可以提供敬业所需的生理、情绪或心理资源。最后，员工何时敬业？个体只有在感觉自己安全的情况下，才能在社会系统中充分展现自己(Gustafson & Gooper,1985)。所以,心理安全感会保障员工全身心投入到工作角色中。Kahn(1990)只是从理论上提出了这一心理状态模型,May 等(2004)选择了工作丰富性、资源、同事关系等 8 种因素作为前因变量,检验并证实了该理论模型,结果显示,心理的意义感、可用感和安全感中介了这 8 种因素对工作敬业度的影响。

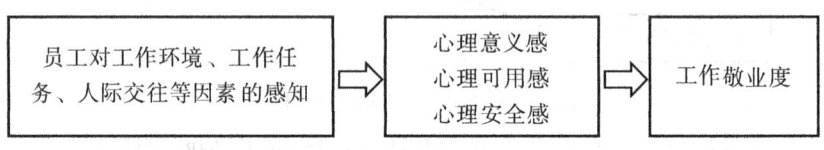

图 2-4　心理状态模型

来源:根据 Kahn(1990)整理所得。

3. 基于心理需求模型的视角

Broeck 等(2008)整合了 JD-R 模型和自我决定理论(self-determination theory,SDT),提出了影响员工工作敬业度的心理需求模型,如图 2-5 所示。SDT 认为所有个体都具有自主、关系和胜任三种基本需求(Deci & Ryan,1985)。自主需求是指个体期待在工作中能够感到自由、不受约束和限制;关系需求是个体期待与周围的人保持和谐的人际关系;胜任需求则

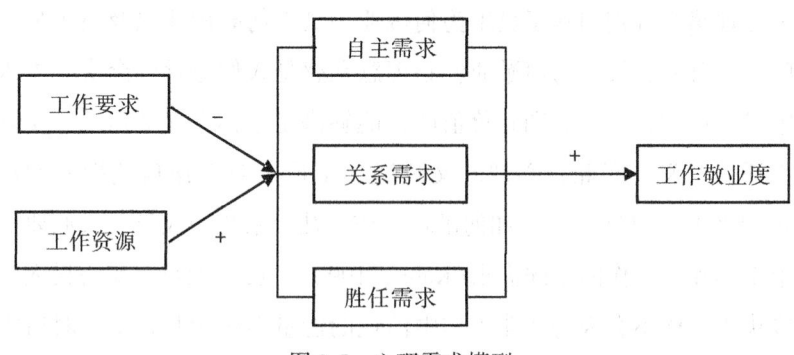

图 2-5　心理需求模型

来源:根据 Broeck 等(2008)整理所得。

是指个体希望自身能够拥有完成工作的能力(Deci & Ryan, 1985; Ryan & Deci, 2000)。Broeck 等(2008)认为工作资源正是满足了员工的自主、关系和胜任的心理需求,才激发了员工敬业的内部动机;而工作要求却降低了这三种心理需求,因而抑制了员工敬业的内在动机。不过,Broeck 等(2008)只检验了工作敬业度中的活力维度,而没有检验专注与奉献的维度,后续研究可以进一步考察这三种心理需求对工作敬业度的整体影响。

2.2.4 员工工作敬业度的作用效果研究

1. 员工工作敬业度的积极影响效果

大量研究显示,员工工作敬业度不仅有利于员工的身心健康、促进员工对工作幸福感的感知(e.g., Bakker & Oerlemans, 2011; Bakker & Demerouti, 2008),也能够提升员工的个体绩效和组织的财务绩效(e.g., Harter, Schmidt, & Hayes, 2002; Rich, Lepine, & Crawford, 2010)。除此之外,工作敬业度还可以为组织带来若干指标的大幅改善,包括缺勤率、离职率、能量损耗、安全事故率、产品品质、顾客忠诚度等(e.g., Crawford, et al., 2010; Nahrgang, et al., 2011)。

2. 员工工作敬业度的消极影响效果

虽然学术界已一致认为,工作敬业度不论是对于个体还是对于组织都有着积极的影响。但是,Halbesleben 等学者(2009)通过实证研究发现,员工的过度敬业会显著降低员工的家庭幸福感。他们认为,一个人的精力是有限的,当其对工作与事业投入了过度的精力时,尽管会获得较好的工作业绩,但却可能以自己的家庭幸福为代价(Halbesleben, Harvey, & Bolino, 2009)。

2.2.5 员工工作敬业度的研究小结

从文献梳理的结果可知,学者们对员工工作敬业度已经进行了大量的研究，并且也取得了较为丰硕的研究成果，但同时也存在一些局限与不足，具体表现在以下三个方面。

第一，敬业度的概念与内涵不够明确。首先，敬业度的属性不够明晰。敬业度到底是工作动机，还是工作行为，抑或是两者均包括，目前学术界没有形成一致的共识。其次，敬业度的内容不够清晰。部分研究在其定义中涵盖了工作满意度、组成承诺等内涵。再次，敬业度的对象不够明晰。有些定义将其界定为员工对工作的敬业，有些定义将其界定为员工对组织的敬业，还有些定义则认为其既包含员工对工作的敬业，也包含员工对组织的敬业。最后，敬业度的层次不够清晰。虽然大部分定义将敬业度界定为员工个体层面的概念，但也有一些定义认为敬业度是群体层面的概念。因此，明确敬业度的属性与内容并与其他相似概念进行辨析，同时，从敬业对象上区分员工对工作的敬业以及员工对组织的敬业，以及从敬业主体上区分员工与团队等不同层面的敬业度，就显得十分有必要了。

第二，针对员工工作敬业度前因变量的研究较为单一。Kahn(1990)通过定性研究发现员工会因为专注于非工作的角色生活(如家庭生活)，而不能将自身的精力投入到工作角色中。也就是说，员工有可能会由于履行自己在家庭角色中的责任，而降低自己对工作角色的敬业度。同时，Halbesleben等(2009)检验员工工作敬业度对工作绩效与家庭幸福感的影响时发现，虽然较高的工作敬业度水平会提升员工的绩效水平，但当工作敬业度达到一定水平后，会显著降低员工的家庭幸福感。并解释为员工的精力是有限的，员工有可能为了事业而牺牲家庭。但是，截至目前，学术界关于工作敬业度的前因研究，主要探讨的是工作资源、工作要求等与工作相关的因素(Crawford, et al., 2010; Nahrgang, et al., 2011)，而鲜有研究关注非工作因素。然而，近年来越来越多的雇主们发现，仅向员工提供工作范畴内的支持已经越来越难提升员工的工作敬业度了(James, McKechnie, & Swanberg, 2011; Swanberg, McKechnie, & Ojha, et al., 2011)。因此，将员工工作敬业度的影响因素从工作域拓展至家庭域不仅是理论发展的需要，更是管理实践的迫切需要。

第三,针对员工工作敬业度的形成机理研究较为匮乏。现有文献中,主要是基于 JD-R 模型来阐述工作要求和工作资源对员工工作敬业度的影响。虽然 JD-R 模型能够阐述工作领域内的各种因素对员工工作敬业度的影响,并在实证研究中也得到了良好的验证。但是,对于工作领域外的因素(如家庭因素),则需要未来研究去探索新的理论机制来阐述其对员工工作敬业度的作用。与此同时,相关的中介机制以及边界条件的研究也较为缺乏,并且仅集中于探讨工作因素对员工工作敬业度的内在影响机制。例如:May 等(2004)检验了员工心理的意义感、安全感与可用感在工作丰富性等工作因素与员工工作敬业度关系中所起的中介作用,Broeck 等(2008)考察了员工的自主需求、关系需求以及胜任需求在工作因素(包括工作要求与工作资源)与员工活力度关系中所起的中介作用。此外,现有研究主要关注工作要求对工作资源与员工工作敬业度关系的调节作用,而忽视了探讨其他的调节变量(如个体的文化价值观)可能存在的调节效应。

2.3 本章小结

通过对 FSSB 与员工工作敬业度两个核心概念的系统梳理与述评,本书从未来两者以及两者关系理论研究的迫切性与可行性角度,提出以下五个发展方向。

第一,从 FSSB(边界跨越资源)视角拓展员工工作敬业度的影响因素研究。一方面,纵观工作敬业度的影响前因,现有文献集中探讨了工作资源、工作要求等与工作相关的因素(Crawford, et al., 2010; Nahrgang, et al., 2011),而较少关注非工作因素。另一方面,FSSB 是近期发展出来的较新概念,其主旨是帮助员工处理好工作与家庭关系的上司管理行为(Hammer, et al., 2009;马红宇等,2016)。相较于工作资源而言,FSSB 属于一种边界跨越资源(boundary-spanning resources)(Voydanoff, 2005)。相较于组织正式的家庭支持型政策和福利而言,FSSB 是上司非正式的家庭支持行为(Hammer, et al., 2009; Straub, 2012)。更为重要的是,FSSB 比组织正式的家庭支持型政策和福利更经济、更高效，也更具有可操作性。因此，FSSB 已迅速成为工作-家庭研究领域的热点话题（马红宇等，2016；Straub，2012）。但是，从 FSSB 作用效果的现有研究来看，其较多地探讨了员工的工作满意度（工作态度）和组织公民行为（工作行为），而鲜有研究涉及员工的工作敬业度（工作动机）。因此，深入探讨 FSSB 对工作敬业度的影响将具有重要的理论意义。

第二，基于中国的扩散型文化，探究 FSSB 对员工工作敬业度的影响以及两者之间的内在影响机制。FSSB 的相关研究是在以美国为代表的西方文化情境下进行的，其能否适应中国的特殊文化背景值得未来研究进行深入探讨。从中国扩散型的文化背景来看，中国员工更偏好于将工作域和家庭域看做一个相互交融的整体，因而很难将两者分割开来（Powell，et al.，2009；Wang，et al.，2013）。在此影响下，他们愿意甚至期待与工作域中的上司谈论自己的家庭生活（Wang，et al.，2013）。因此，基于此文化视角，FSSB 可能会积极影响我国员工的工作敬业度。同时，近年来随着积极心理学的兴起，学者们认识到以工作系统和家庭系统为主要活动载体的个体不仅会感受到两个系统的消极冲突，也会体验到两个系统的积极增益（Frone，2003；Greenhaus & Powell，2006；Wayne，et al.，2007），而普遍具有工作与家庭整合观的中国员工可能会经历更多的工作-家庭增益。鉴于此，未来研究应基于我国的扩散型文化，从积极的理论视角探索 FSSB 对我国员工工作敬业度的影响，以及进一步探讨员工双向的工作-家庭增益能否在两者关系中起中介作用。

第三，基于中国儒家文化中的"感恩与报恩"意识，探讨 FSSB 影响我国员工敬业的本土化作用机制。鉴于中国以及整个亚洲地区的组织行为学都缺乏本土文化特色的研究（Tsui，et al.，2004；张志学等，2014），未来研究应积极探索 FSSB 的本土化作用机制（马红宇等，2016）。对组织行为学领域进行本土化研究的奠基者杨中芳认为，本土化研究最重要的是，"在当地人自身的文化脉络中，寻找理解彼此行动背后之心理意图及意义的惯用想法：信念、价值及规范等"（杨中芳，2014）。而儒家文化中所蕴含的"感恩与报恩"意识,无疑是千百年来影响中华民族生命底色的人伦规范。然而,在组织行为学领域,针对感恩图报的理论研究基本上仍处于思辨性的定性研究中。尽管本土化研究的学者们已经意识到,下属对上司所产生的感恩图报很可能是中国上下级之间进行互惠的驱动力(樊景立,郑伯埙,2000),但对其却缺乏实证上的验证。不仅如此,尽管 Blau(1964)已经强调感激之情是人们进行社会交换的纽带,但是,目前以社会交换理论阐述上司与下属进行社会交换的定量研究,大多以员工对 LMX 的认知评价作为中介机制,而忽视了员工在此过程中的情绪反应(Bartlett & DeSteno,2006)。综合上述分析,未来研究应积极探索我国员工对上司产生的感恩图报能否成为 FSSB 影响我国员工敬业的本土化中介机制。此外,从文化价值观的视角拓展 FSSB 发挥效应的边界条件,以进一步深化 FSSB 的跨文化研究。

第四,积极拓展 FSSB 的多层次理论研究。根据 FSSB 文献梳理的结果,现有研究仅在员工个体层面探讨了 FSSB 的作用效果(Williams, et al., 2016),而忽视了关注其对团队层面的影响;同时,仅关注了 FSSB 的积极影响(马红宇等,2016),却忽视了探讨在团队层面中由于成员对 FSSB 的不同感知而可能产生的消极影响。基于中国的文化背景,一方面,我国社会和组织中存在较强的"圈子"文化(杨国枢,1992;郑伯埙,1991),具体体现在管理行为中,中国的领导者会根据"亲、忠、才"将下属区分为"自己人"和"外人"后进行差别对待。对于"自己人",中国领导者往往会给予其更多的物质资源和情感资源(孙立平,1996;郑伯埙,1995,2004)。也就是说,我国管理者可能会按照亲疏有别的差异化方式来实施 FSSB。另一方面,受集体主义文化以及儒家文化中"不患寡,而患不均"的共同影响,我国员工可能会更加在意和敏感于上司差异化的 FSSB,从而可能会产生较大的负面影响。有鉴于此,未来研究应基于团队情境,积极探索在我国文化背景下,团队成员感知的 FSSB 差异对员工层面和团队层面所产生的影响。

第五,丰富不同层面工作敬业度的理论研究。首先,从工作敬业度的文献回顾来看,针对敬业度的层次划分存在一定的不足。虽然大部分定义将敬业度界定为员工个体层面的概念,但也有一些定义认为敬业度是群体层面的概念。其次,在团队情境中,作为一个团队的管理者,除了要充分激励成员个体的工作敬业度,也要提升整个团队的工作敬业度。这是因为个别员工的工作敬业度往往很难对组织产生较大的积极影响,而唯有更高层面的工作敬业度(如团队工作敬业度)才能更加有效地提升整个组织的经营绩效与长期竞争优势(Costa, et al., 2014a; Torrente, et al., 2012)。然而,现有研究聚焦于探讨员工层面的工作敬业度,忽视了对团队层面工作敬业度的关注(Costa, et al., 2014a)。因此,未来研究应首先从概念上区分不同层面的工作敬业度,积极拓展团队工作敬业度的理论研究。

第3章 核心概念的界定与理论基础

3.1 核心概念的界定

在展开研究之前,应对本书的核心概念予以界定,主要包括家庭支持型上司行为(FSSB)、家庭支持型上司行为差异(FSSB差异)、员工工作敬业度、团队工作敬业度、双向工作-家庭增益、感恩图报、权力距离倾向和团队关系冲突。

3.1.1 FSSB及其相关概念的辨析

1. 家庭支持型上司行为(family-supportive supervisor behavior,FSSB)

FSSB是上司帮助员工处理好工作与家庭关系的管理行为,具体包括情感支持、工具支持、创新管理和角色模范四个维度(Hammer, et al., 2009;马红宇等,2016)。情感支持是指当下属和上司沟通工作与家庭事项时,上司能够敏锐地觉察到下属对工作-家庭平衡的诉求,并在情感上给予理解与尊重。工具支持是指当下属发生工作与家庭相互冲突的事项时,上司能够提供灵活且具有弹性的工作安排予以解决。与上司被动地提供工具支持不同,创新管理是上司积极主动地从员工与组织"双赢"的视角重构工作时间、地点和方式,以帮助下属履行好工作与家庭的职责。

角色模范是上司通过自身的言行举止向下属展示有效处理工作与家庭关系的榜样行为。

2. 上司的一般性支持(general supervisor support)

上司的一般性支持侧重于上司对下属工作领域内的支持,上司可能支持了下属的工作,但不一定会关心和支持员工家庭职责的履行(Kossek, et al., 2011)。而FSSB是上司专门针对员工工作-家庭领域的支持(work-family-specific supervisor support)(Kossek, et al., 2011),其内涵中既包括了上司对员工履行家庭责任的支持,也包含上司对员工的工作支持,但工作支持的最终目的是为了实现员工工作与家庭的平衡(Hammer, et al., 2009;马红宇等,2016)。同时,上司的一般性支持属于正式支持的范畴,而FSSB属于非正式支持的范畴(Straub, 2012;马红宇等,2016)。

3. 施恩行为(shi-en behavior)

在本土化的家长式领导研究中,领导的施恩行为即包含了上司对下属生活层面的嘘寒问暖,也包含了上司对下属工作层面的宽大为怀(Farh & Cheng, 2000;郑伯埙,2005)。在生活层面的照顾中,上司将员工视为家庭中的成员,关心其择偶、健康、交友等生活中的各方面(林姿葶,郑伯埙,2012)。虽然FSSB与施恩行为均是上司出自善意对下属的关心和支持,并且均是非正式的支持行为,但两者却存在较大的区别,主要表现在以下两个方面:其一,上司施恩的主旨并不是帮助员工实现工作与生活的平衡,而在于体现上司对下属的仁爱;上司执行FSSB的主要目的就是帮助员工获得工作与家庭的平衡,FSSB所包含的行为类型具体且具有针对性,而不是施恩行为那种包罗万象的各种生活照顾。其二,FSSB建立在上司和下属之间关系平等的基础上(Straub, 2012);而施恩行为则发生在上下级关系不对等的条件下,其行为实质上是上司威权的展现(Farh & Cheng, 2000;林姿葶,郑伯埙,2012)。

3.1.2 员工工作敬业度及其相关概念的辨析

1. 员工工作敬业度(empolyee work engagement)

借鉴角色理论,Kahn(1990)将员工工作敬业度定义为:"员工在工作角色中投入自己能量的程度。"依据能量的内涵,具体分为生理、认知、和情感三个方面的能量。员工敬业实际上是自我雇佣(self-employment)与自我表达(self-expression)的结合。根据Kahn(1990)的研究成果,学者们陆续展开了对员工工作敬业度的操作化研究。其中,以Schaufeli为代表的观点逐渐得到学术界的认可,也使得员工工作敬业度的测量方法趋于统一。他们认为员工工作敬业度是一种与工作相关的积极与充实的精神状态,具有精力充沛、乐于奉献和专心致志三个维度(Schaufeli, Salanova, & Gonzalez-Roma, et al., 2002)。精力充沛是指员工在工作中始终保持饱满的精神状态,乐于奉献是指员工对自己的工作充满热情,而专心致志是指员工完全沉浸于工作之中。综合上述观点(Kahn, 1990; Schaufeli, et al., 2002),本书将员工工作敬业度界定为员工全身心投入到工作角色中的一种积极状态。

2. 员工敬业度(employee engagement)

员工敬业度首次被盖洛普公司在20世纪90年代使用(Buckingham & Coffman, 2000),通常"员工敬业度"和"工作敬业度"可以交替使用。但是,从严格意义上来说,员工敬业度不仅包括员工与工作之间的关系,也包括员工和组织之间的关系(Schaufeli & Bakker, 2010)。由于本书仅关注员工与工作之间的关系,同时为了与团队层面的工作敬业度进行区分,因而将个体层面的工作敬业度称为员工工作敬业度。

3. 工作卷入度(job involvement)

Lodahl和Kejnar(1965)将工作卷入度定义为:"员工在心理上认同工

作的程度,或员工感知工作对自我存在的重要性。"工作卷入度仅包括员工对工作满足自我需求的认知成分,而工作敬业度强调的是员工自我与工作角色动态的结合程度,包括认知能量、情绪能量以及生理能量的投入。因此,工作敬业度比工作投入度更加具有动态的特质,包含的内容也更加复杂(Kahn,1990)。May等(2004)认为工作敬业度可以引起员工对工作的认同,因此,工作敬业度是工作卷入度的前因变量。

4. 工作满意度(job satisfaction)

工作满意度是员工通过工作评价而产生的一种快乐或积极的情感状态(Locke, Sirota, & Wolfson, 1976)。工作满意度是员工通过将工作与自己的期望进行比较后产生的整体感受,具有相对性;而工作敬业度则是员工针对工作的心理感受,具有绝对性。此外,工作敬业度意味着激活(热情、警觉、兴奋、欢快),满意度意味着满足(知足、平静、宁静、放松),工作敬业度的情感程度比工作满意度更强烈。在实证研究中,工作敬业度通常是工作满意度的前因变量。

3.1.3 团队工作敬业度及其相关概念的辨析

1. 团队工作敬业度(team work engagement)

团队工作敬业度是团队成员在工作中共享的充满动力、全情投入并感到愉悦的涌现状态(Costa, et al., 2014a, 2014b)。和员工工作敬业度包括活力、奉献和专注三个维度(Shaufeli & Bakker, 2010; Schaufeli, Bakker, & Salanova, 2006)类似,团队工作敬业度也包含团队活力、团队奉献和团队专注三个维度(Costa, et al., 2014a; Torrente, et al., 2012)。团队活力是指整个团队精力充沛,愿意努力工作,即使面临困难也会坚持不懈。团队奉献是整个团队在工作中具有激情,精神振奋,对工作充满自豪感。团队专注代表的是整个团队在工作中全情投入,注意力高度集中,以致很难从工作中分离。

2. 团队凝聚力(team cohesion)

凝聚力是团队对成员具有吸引力和成员对团队具有归属感的一种团队特性(Lieberman, Yalom, & Miles, 1973)。基于任务的团队凝聚力一方面使成员在工作中投入更多的能量,并且具有更多的奉献精神,但另一方面由于团队成员过于追求目标(如在一个限定的日期内完成一项重要任务),可能会使团队经历一些负面情感状态,如忧虑、自责和敌意。而团队工作敬业度仅包括积极的情感状态,而高工作敬业度的团队对成员不仅具有吸引力,并且整个团队成员高度关注工作任务。

3. 集体效能感(collective efficacy)

集体效能感是团队成员共享的顺利完成工作任务的信念(Bandura, 1997)。当集体效能感增加时,团队成员在面临困境时依然坚持能够并相信最终获得成功,因此提高了团队成员集体敬业的可能性;同时,当团队工作敬业度增加时,团队成员会展现较高水平的活力、奉献和专注,也有助于集体效能感的提升。但集体效能感和团队工作敬业度是两个不同的状态,集体效能感是一种认知(信仰),而团队工作敬业度具有动机的属性。

4. 团体情感(group affect)

团体情感指在一个团体中一致的或同质的情感反应(George, 1996)。团队工作敬业度具有积极情感的属性,其与积极的团体情感高度相关。相比展现消极团体情感的团队而言,一个展现积极团体情感的团队更可能具有较高水平的团队工作敬业度。与此同时,敬业的团队也会在工作时集体展示快乐、自豪等积极情绪。但团队工作敬业度是与工作密不可分的构念,强调集体呈现的积极情感状态促使团队成员更加专注、更加热情地投入到工作中,而积极的团体情感则不一定针对工作,相反可能是快乐的休息。

3.1.4 家庭支持型上司行为差异(FSSB 差异)

依据西方的 LMX 理论(Dienesch & Liden, 1986)、中国的差序式领导理论(郑伯壎, 1995, 2004)以及 FSSB 构念本身存在的差别对待员工的属性(Hammer, et al., 2009; 马红宇等, 2016),本书将差异化领导的理论拓展至 FSSB 的研究领域,首次提出 FSSB 差异的概念。差异化领导(differentiated leadership)是领导对不同的团队成员展现不同程度的个性化领导行为,比如,对有些团队成员给予更多的关心或更多的支持(Wu, Tusi, & Kinicki, 2010)。参照此定义,本书将 FSSB 差异界定为:团队情境中,团队上司面向不同的团队成员实施不同程度的 FSSB。

3.1.5 双向工作-家庭增益(bidirectional work-family enrichment)

基于资源"扩张假说"(the expansion hypotheses), Greenhaus 和 Powell(2006)将工作-家庭增益定义为:"个体从一种角色中所获得的体验和经历有助于提高其在另一种角色中的生活品质。"其中,生活品质(quality of life)包括绩效(performance)和积极情感(positive affect)两个方面。工作-家庭增益包括工作→家庭和家庭→工作的双向增益,且工作→家庭增益(work→family enrichment)与家庭→工作增益(family→work enrichment)是两个相互独立的概念(Carlson, Kacmar, & Wayne, et al., 2006)。工作→家庭增益是指个体从工作角色中所获得的体验和经历有利于提升其在家庭角色中的生活品质(Greenhaus & Powell, 2006),其包括能力的提升、积极情感的增强和心理资本的完善三个维度(Carlson, et al., 2006)。家庭→工作增益是指个体从家庭角色中所获得的体验和经历有助于提升其在工作角色中的生活品质(Greenhaus & Powell, 2006),和工作→家庭增益类似,其也包括三个维度,分别为能力的增强、积极情感的提升和效率的提高(Carlson, et al., 2006)。

3.1.6 感恩图报(gratitude-repayment)

西方的感恩思想渗透在"博爱"的基督教文化中,受此影响,施恩者与受惠者之间并不存在互惠的关系。具体而言，施恩者在给予恩惠时是不求回报的(Algoe & Stanton, 2012; Heider, 1958); 受惠者意欲报答的对象并不仅仅限于对自己有恩有惠的人, 也包括其他的陌生人(Tsang, 2006; Spence & Brown, 2014)。因此, 西方学者将人际感恩定义为个体在接受他人给予的恩惠(礼物、关心或者帮助等)后产生的一种心怀感激而意欲报答的积极情绪(Tsang, 2006; Spence & Brown, 2014; Emmons & Stern, 2013)。与此相对比, 中国的感恩思想蕴含在强调人际互惠的儒家文化中, 在此影响下, 施恩者与受恩者之间具有互惠关系(樊景立, 郑伯埙, 2000; Cheng, Chou, & Wu, et al., 2004)。即施恩者预期对方会感恩并在将来回报自己, 而实际上受惠者确实会感恩并且会努力报答施恩者。因此, 在深受儒家文化影响的东方情境中, 感恩的内涵不仅包含受惠者对恩情的认知和感激, 更加强调对施恩者的报答(樊景立, 郑伯埙, 2000; 蒲清平, 朱丽萍, 2012)。也就是说, "感恩图报"比"感恩"更加精准地诠释出儒家文化中的感恩思想。综合国内外学者的研究成果, 本书认为感恩图报是受惠者感知到恩惠后内心产生感激而设法报答施恩者的积极情绪。

3.1.7 权力距离倾向(power distance orientation)

作为一种个体的文化价值观, 权力距离倾向被定义为个体对于社会、组织或团体中不同层级之间权力分配不平等的接受程度(Clugston, Howell, & Dorfman, 2000)。个体的权力距离倾向越低, 对权力分配的不平等越具有反抗精神; 而权力距离倾向越高, 就越能够接受权力分配的不平等(Clugston, et al., 2000; Daniels & Greguras, 2014)。

3.1.8 团队关系冲突(team relationship conflict)

团队关系冲突是指团队成员之间在人际关系上的不和谐, 包括与其他成员出现情感上的紧张与摩擦, 对其他成员有不喜欢、厌烦甚至是敌意等感觉(Jehn & Mannix, 2001)。

3.2 工作-家庭增益的理论基础

3.2.1 工作-家庭增益的研究背景与思路

工作-家庭界面(work-family interface)的大量文献关注的都是工作与家庭相互冲突的一面(Maertz, Boyar, & Maloney, 2019)。随着积极心理学和积极组织行为学的兴起,学者们呼吁应该用一种积极的视角去认识工作与家庭之间的关系(Carlson, Thompson, & Crawford, et al., 2019)。Greenhaus 和 Powell(2006)最早提出了工作-家庭增益(work-family enrichment)的构念,即个体从一种角色中所获得的经历有助于提高其在另一种角色中的生活品质。近期研究显示,工作-家庭增益无论是对组织、家庭还是员工个体都有积极的影响作用(Zhang, Xu, & Jin, et al., 2018)。因此,系统和全面地梳理工作-家庭增益的前人学术成果不仅有助于该领域理论研究的进一步深入,也有利于社会、组织和个人的可持续发展。

尽管工作-家庭增益领域的理论研究仍处于探索阶段,相关的实证研究也较为贫乏(Carlson, et al., 2019),但近期学者们已开始从不同角度总结这些文献。截至目前,较具影响力的关于工作-家庭增益的总结性文献有如下两篇:一篇是 Lapierre 等(2018)关于资源供给(如社会支持)和资源消耗(如角色超载)作为前因变量对工作-家庭增益影响的元分析;另一篇是 Zhang 等(2018)通过元分析证实工作-家庭增益与对工作域(如工作满意度)、非工作域(如家庭满意度)以及个体的身心健康都可以产生积极的影响。毋庸置疑,上述两项研究成果对于学术界意义重大,尤其为工作-家庭增益领域的研究者提供了颇具价值的启迪。然而,这些总结性文献的研究视角都相对狭窄,缺乏系统性和全面性,不能涵盖所有研究范畴,更难以呈现工作-家庭增益研究进展的全貌。鉴于此,本书将通过梳理近十年来在管理学、应用心理学及社会学等领域具有影响力的期刊上发表的相关文献,系统述评国外该领域的理论与实证研究进展,尝试以一个整合框架总结出工作-家庭增益的前因和结果变量，拟对其研究内容进行科学的划分，并对其研究的成果、热点及发展趋势给出明确判断。在此基础上，总结出目前该领域存在的主要争议和不足，并提出研究展望。最后，本书力求指出中国情境下未来可能取得突破的研究方向。

3.2.2 工作-家庭增益的研究方法与过程

本书主要通过对以往文献的检索、筛选和整理来展开研究。为了保证文献收集的全面性，本书收集文献的国外数据库主要有 EBSCO、PsycARTICLES、Science Online、Wiley-Blackwell。研究者检索了这些数据库在 2000—2019 年所收录的期刊中以 work family enrichment、work family positive spillover、work family facilitation 或 work family enhancement 等为主题标题或关键词的论文。由于期刊上发表的文章比专著和论文集等具有更好的内容准确性和更广泛的影响力（Hutzschenreute & Kleindienst, 2006），因此本书将发表在管理学、应用心理学及社会学等领域权威期刊上的文献作为重点检索对象。接下来，研究者对收集的 123 篇 SSCI 期刊文献进行仔细阅读与内容分析，剔除重复和无关的文献，最终得到本书需要的 92 篇文献资料（其中包括理论研究文献 5 篇，与工作-家庭增益或相似构念具有统计显著性关系的实证研究文献 87 篇）。

3.2.3 工作-家庭增益的概念、维度和测量

基于资源"扩张假说"（the expansion hypotheses）（Sieber, 1974），Greenhaus 和 Powell（2006）将工作-家庭增益（work-family enrichment）定义为"个体从一种角色中所获得的经历有助于提高其在另一种角色中的生活品质"，其中生活品质包括绩效和积极情感两个方面。由于工作家庭的研究界面经历了从冲突到平衡和增益的研究过程，为了清晰地掌握工作-家庭增益的概念，本书首先界定工作-家庭界面的相关概念，然后再辨析工作-家庭增益的相似概念。

1. 工作-家庭界面相关概念的界定

基于资源"稀缺假说"(the scarcity hypotheses)(Goode,1960),Greenhaus 和 Beutell(1985)将工作-家庭冲突(work-family conflict)的定义阐述为"工作和家庭两个领域的角色压力不相容造成的角色内冲突"。从冲突形式来看,具有基于时间的冲突(time-based)、基于压力的冲突(strain-based)和基于行为的冲突(behavior-based)三种类型;从冲突方向来看,工作-家庭冲突具有工作→家庭冲突(WFC)和家庭→工作冲突(FWC)两个方向(Frone, Russell, & Cooper, 1992);两个方向三种形式共同构成了工作-家庭冲突的六个维度。工作-家庭冲突的概念和维度目前在学术界已基本达成共识。

而关于工作-家庭平衡(work-family balance)的概念,目前学者们却存在两种观点。一种是以 Greenhaus 为代表的学者强调工作-家庭平衡是个体主观感受的满意感。Greenhaus 等(2012)将工作-家庭平衡定义为"个体从工作和家庭这两个角色中所获得的成效与满意中感到的平衡"。而 Grzywacz 和 Carlson(2007)则认为:"工作-家庭平衡是一种角色期望的达成,这种达成是通过在工作和家庭领域中与角色相关的合作者的协商和分享来完成的。"他们强调工作-家庭平衡是一种客观的平衡,并呼吁研究者应将视角从工作-家庭平衡的个体心理层面转移到社会功能的层面上来,以一个更为客观的角度来探讨平衡。

总的来看,工作-家庭冲突与工作-家庭增益是两个互不相关且相互独立的构念(Frone, 2003),即没有冲突不代表就有增益,没有增益也并不意味就有冲突。而由于工作-家庭平衡的理论源于相互对立的资源"稀缺假说"和"扩张假说",所以对于平衡的理解必然要与冲突和增益联系起来。研究显示,工作-家庭冲突与增益可能是工作-家庭平衡的关键组成部分(Frone, 2003),Grzywacz 和 Bass(2003)认为最理想的工作-家庭平衡是由低水平的工作-家庭冲突和高水平的工作-家庭增益组合而成。

2. 工作-家庭增益相似概念的辨析

由于学术界对工作-家庭积极交互作用的相关概念界定不够清晰

(Greenhaus & Powell，2012)，目前存在很多与工作-家庭增益相似的概念，主要包括工作-家庭提高(enhancement)、工作-家庭积极溢出(positive spillover)、工作-家庭促进(facilitation)，在已有的文献中经常被交替使用(e.g.，Frone，2003)。虽然这些构念相似，但这些概念的含义是不同的(Carlson，Kacmar，& Wayne，et al.，2006)，如表3-1所示。

由表3-1可以看出，工作-家庭提高主要关注个体获取的资源以及这些资源对生活领域的帮助，并不涉及角色间资源的转移。工作-家庭增益是以工作-家庭积极溢出为基础，两个概念之间的细微但显著的区别是工作-家庭积极溢出仅强调角色间资源的转移，并不涉及该转移能否提高接受资源一方的生活品质；而工作-家庭增益不仅包括角色间资源的转移，更强调这种转移对接受资源一方生活质量的改善。工作-家庭增益与工作-家庭促进的关键区别在于分析单位层次的不同：工作-家庭增益强调对个体生活质量的改善，而工作-家庭促进强调对整体系统功能的改善(Carlson，et al.，2006)。

表3-1 工作-家庭增益的相似概念

构念	定义
工作-家庭提高	个体获取的资源和经历有助于其面对生活的挑战
工作-家庭积极溢出	个体将一种角色中的积极经历转移至另一种角色中
工作-家庭促进	个体投入一种角色产生的收益有助于提高另一种角色的系统功能
工作-家庭增益	个体从一种角色中获得的经历有助于提高其在另一种角色中的生活品质

来源：根据Carlson等(2006)整理所得。

Wayne(2009)认为，工作-家庭增益是工作-家庭积极溢出的扩展，工作-家庭促进是工作-家庭增益的延伸。通过工作-家庭积极溢出的过程，角色间资源的转移提高了在接受资源角色中的生活品质(增益)，进而最终导致接受方系统功能的增强(促进)。因为大量的相关研究关注接受资源一方的个体结果和个体功能的增强,所以本书选择使用工作-家庭增益的构念。

3. 工作-家庭增益的维度

工作-家庭增益与工作-家庭冲突一样也是双向维度的,即分为工作→家庭增益与家庭→工作增益:当个体在工作中的经历提高了其在家庭生活中的质量时,即产生了工作→家庭增益,当个体在家庭生活中的经历改善了其在工作中的表现时,即产生了家庭→工作增益,并且工作→家庭增益和家庭→工作增益是两个相互独立的构念(Carlson, et al., 2006)。Carlson等(2006)将工作→家庭增益(WFE)分为发展、情感和资本三个维度,将家庭→工作增益(FEW)分为发展、情感和效能三个维度。根据 Greenhaus 和 Powell(2006)以及 Carlson 等(2006)的研究成果,本书对工作-家庭增益的六个维度进行总结,如表3-2所示。

表 3-2 工作-家庭增益的维度

增益方向	增益形式		
工作→家庭增益(WFE)	基于发展的 WFE	基于情感的 WFE	基于资本的 WFE
家庭→工作增益(FEW)	基于发展的 FWE	基于情感的 WFE	基于效能的 FWE

来源:根据 Greenhaus & Powell, 2006 及 Carlson, et al., 2006 整理所得。

4. 工作-家庭增益的测量

目前国外已存在一些有关增益的量表,但如前所述,关于工作-家庭积极交互作用的概念并没有统一,从研究层次上划分,既有个体层的(如增益),也有系统层的(如促进),因此,其相关的测量也如其构念一样像个"大杂烩"(Zimmerman & Hammer, 2010)。如对"工作-家庭增益"的测量中,包括之前用于测量"积极溢出""促进"和"提高"的题项(Greenhaus & Powell, 2006)。同时,现有的大多数量表并没有遵守严格的量表开发及相关验证程序，缺少严密的信效度检验(Carlson, et al., 2006)。

相比而言，目前较具代表性的是 Carlson 等(2006)开发的工作-家庭增益量表，通过梳理前人关于增益的30多篇文献，以 Greenhaus 和 Powell (2006)定义的工作-家庭增益为基础，在借鉴和纠正了前人有关增益的14个问卷后，开发出了工作→家庭方向(发展、情感、资本)和家庭→工作方向(发展、情感、效能)共六个维度的增益量表，每个维度包括3个题项，共18个题项。这一量表较之前有很大进步，取得了较好的信度和效度，现被学者们广泛使用。

但要说明的是，此量表是以增益的内涵为开发基础，只适用于个体层面的增益研究，因此 Wayne 等(2007)呼吁学者们开发针对系统层面增益的量表。同时，由于该问卷包含18项，有学者认为问卷太长会占用被试的大量时间，因此，Michele(2014)从18项中抽取了6项，工作→家庭增益和家庭→工作增益各3个题项，经过他们的严密检验，新量表的信效度和原来的18个题项近似。(详见附录"一、第三章调查问卷")

3.2.4 工作-家庭增益的理论模型

1. 工作-家庭增益的双路径模型

基于资源"扩张假说"(Sieber, 1974)及相关实证研究，Greenhaus 和 Powell(2006)开发出一个全面理解工作-家庭增益过程的理论模型(见图3-1)。该模型的主要贡献在于：①鉴别出驱动工作-家庭增益产生的5种资源，分别为：技能和视野(如社交能力)、心理与生理资源(如自我效能)、社会资源(如社会网络)、灵活性(如灵活的工作安排)和物质资源(如金钱)；②区别出工作-家庭增益形成的两种路径，即工具性路径和情感性路径；③提出促进工作-家庭增益产生的3个调节变量，分别为：角色B的显著性、感知到与角色B相关的资源以及资源与角色B的需求和规则的一致性。

如图3-1所示，A和B分别用来表示工作角色或家庭角色，A与B之间的增益主要通过工具性路径和情感性路径形成。当个体参与角色 A 的活动所获得的资源,直接提高了角色 B 的生活品质(绩效和积极情感)时,工具性路径的增益便产生了。在角色 B 的显著性、感知到与角色 B 相关的资源或资源与角色 B 的需求和规则的一致性的调节作用下,增益效果会更加显著。而个体参与角色 A 的活动所获得的资源,不仅可以直接增加角色 A 的积极情感,也可以通过提高角色 A 的绩效而间接增加角色 A 的积极情感,然后,通过情感性路径的调节变量提高角色 B 的生活质量(绩效和情感)时,情感性路径的增益便产生了,在角色 B 的显著性调节作用下,会增强该种路径的增益效果(Greenhaus & Powell,2006)。

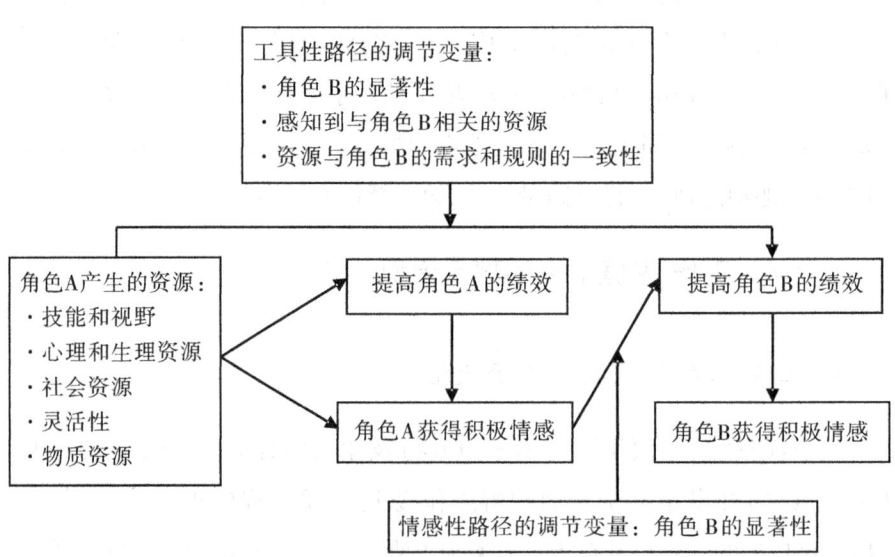

图 3-1　工作-家庭增益双路径模型

来源:根据 Greenhaus & Powell(2006)整理所得。

工作-家庭增益双路径理论模型有助于我们理解增益的形成条件和过程,指引工作-家庭领域的未来研究方向。但仍存在以下三个问题:首先,该模型笼统地把工作-家庭增益作为一个单一维度的构念进行研究,而事实上,工作-家庭增益很可能是一个多维度概念,如本书图 3-2 所示的 6 个维度。不同的资源可能会通过不同的路径来影响工作-家庭增益的不同维度(周路路,赵曙明,战冬梅,2009)。例如,物质资源(如金钱)可能更多地通过工具性路径来影响工作-家庭增益的发展维度,而社会资源(如家人支持)可能更多地通过情感性路径来影响工作-家庭增益的情感维度。其次,该模型主要强调了形成资源的一方(发出方)对接受资源的一方(接受方)的影响,而接受方是否、如何、为何进一步对发出方产生影响并没有涉及。最后,该模型仅研究了个体层次的增益,而个体层次的增益能否、如何、为何对二元层次(如上司与下属、配偶)和系统层次(如工作域、家庭域)产生影响也没有探讨。以上三个问题亟须学者们进一步研究。

2. 资源-获取-发展模型

工作-家庭增益的双路径模型让我们知道了工作与家庭相互增益的发生过程,但并没有深刻解释增益产生的背后原理,即我们了解了 How,但是 Why? 为了弥补理论研究中的空白,Wayne 等(2007)整合了积极组织行为理论(positive organizational behavior theory)、生态系统论(ecological systems theory)、资源保存理论(conservation of resources theory)三个互补的研究框架,为工作与家庭之间的相互增益领域构建了理论基础,并将其称为资源-获取-发展观(resource-gain-development perspectives)。该理论主张:个体有成长、发展和追求最高层次生活质量的自然倾向,正是由于个体有这种追求发展的自然倾向,当他们参与到一种角色中时,会获取使他们成长和发展的资源,并且会最大化地利用这些资源,以便获取最佳收益。当某一领域的收益得到应用、保存,并在另一领域得以加强时,其最终结果则改善了整个系统的功能。以资源-获取-发展观为理论基础,Wayne 等(2007)进一步提出了工作-家庭促进(work-family facilitation)的理论模型,详见图 3-2。

由图 3-2 可知,该模型从系统层面解释了工作与家庭相互增益的产生原因和发生机理。工作-家庭促进的发生是以资源为基础,以增强工作和家庭系统效能为目标的过程。产生资源的根本原因就在于个体本能地追求自己的成长、发展及相关潜力最大化,并会把自己的成长经验运用于其他生活领域。工作-家庭促进是指个体以工作和家庭角色活动为载体，通过获取和运用工作和家庭领域的资源来促进工作和家庭互益关系的过程，包括三个有序的阶段：①个体获取资源；②个体吸收和消化资源；③个体运用并发展资源。也就是说，资源的运用不仅会丰富个体的资源，而且还会影响其他成员的绩效和情感，从而有可能提升系统层面的效能。个体的需求特征(性别和社会地位)会对促进过程产生调节作用，从而导致不同的增益结果。工作与家庭促进的结果不仅包括工作系统绩效的提升，还包括家庭系统效能的优化(Wayne, et al., 2007)。

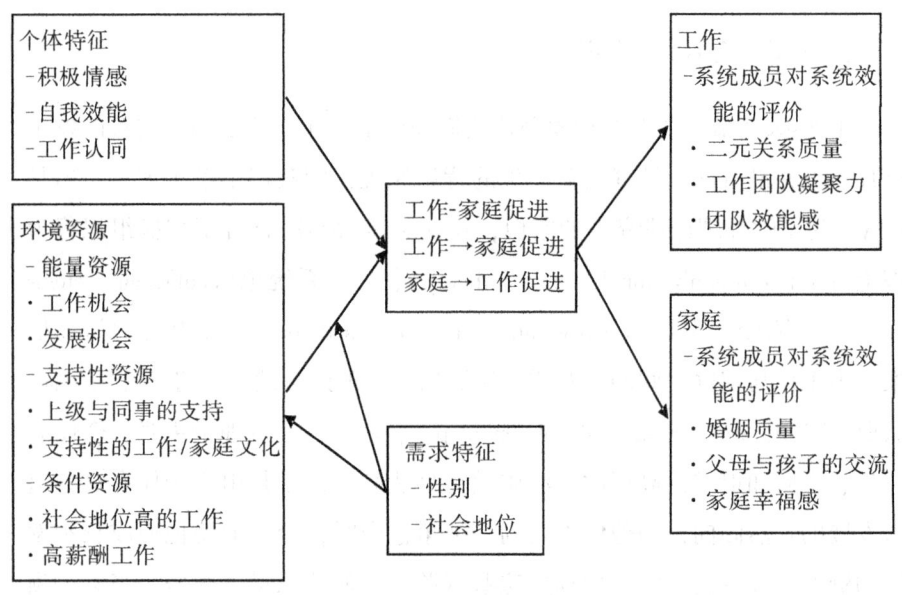

图 3-2 资源-获取-发展模型

来源：根据 Wayne 等(2007)整理所得。

资源-获取-发展观突破了以往从单一理论角度研究工作-家庭界面的方法，在博采众家之长的基础上，从积极视角为工作与家庭界面研究提供了理论依据。基于资源-获取-发展观研究工作与家庭界面，不仅把研究视野从"需求"聚焦到"资源",更是扭转了人们长期以来消极的惯性思维方式,唤醒了原本蕴藏于人们自身的积极思维和追求发展的自然倾向。与工作-家庭增益倾向于关注个体层面的生活品质的提升相比,工作-家庭促进更强调系统整体水平的改善,这对于引导未来的研究是有所裨益的。但是,无论是工作-家庭增益还是工作-家庭促进的发生,都是以个体为载体,首先提高的是个体层面的生活质量,通过个体与工作系统和家庭系统的积极互动,最终才能提高个体所在系统的整体效能,而目前所有的研究都将个体层面的增益和系统层面的增益割裂开来进行研究。同时,由于缺乏系统层面增益的量表,该模型仍处于理论假设阶段。

3.2.5 工作-家庭增益的实证研究进展

工作-家庭增益的研究内容主要集中于前因和结果变量的讨论,虽然该领域研究数量不多,但研究内容所涉及的变量较为繁杂。本书参照 McNall 等(2010b)将工作-家庭增益的前因变量分为工作域、非工作域及个体特征三个方面,将工作-家庭增益的结果变量分为工作域、非工作域及个体健康与幸福三个方面。本书以一个整合的框架形式,系统描述和梳理上述关系,如图3-3所示。

1. 工作-家庭增益的前因变量:工作域、非工作域与个体特征

从工作域前因变量研究的发展脉络上看,学术界经历了从关注工作属性到关注组织因素的转向。早期对工作属性方面的研究,主要可分为工作特征与工作压力两个方面。工作特征方面的要素具体包括:自主性、工作控制、职业发展经历、匹配、技能水平、工作角色质量、工作显著性等(Grzywacz & Butler, 2005; Lapierre, et al., 2018)。工作压力方面的要素具体有:工作需求、工作卷入、工作倦怠等(Aryee, Srinivas, & Tan, 2005; Lapierre, et al., 2018)。组织因素的影响研究,主要包括组织中的正式支持和非正式支持两个方面。组织中的正式支持有利于增加员工工作-家庭增益,这些正式支持包括:家庭友好政策、灵活工作安排、亲属照顾

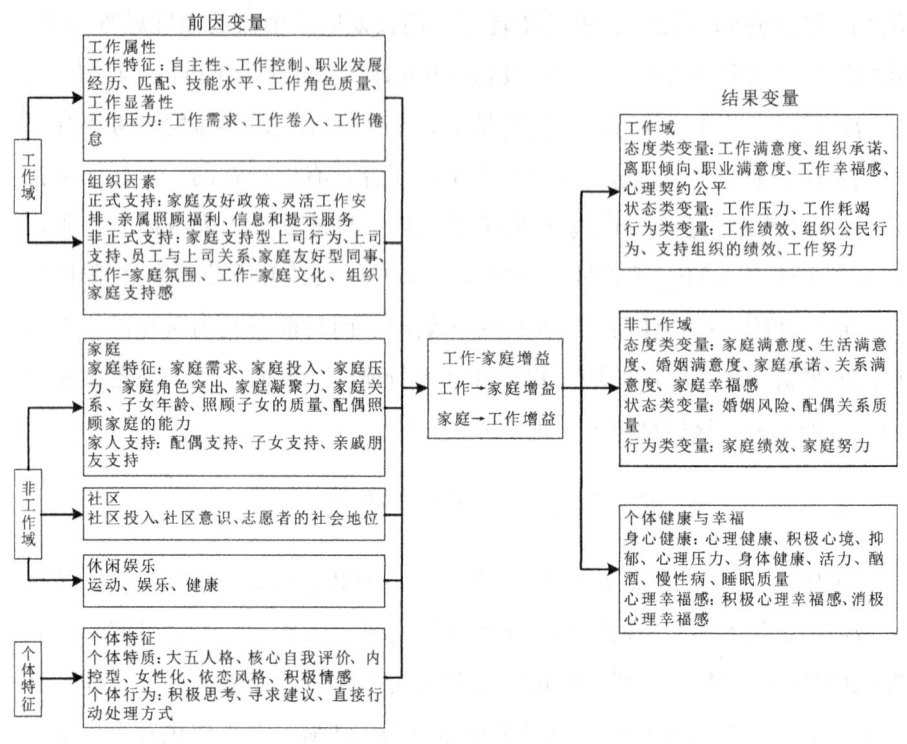

图 3-3　工作-家庭增益研究内容：一个整合的框架

福利、信息和提示服务等（Carlson, Grzywacz, & Kacmar, 2010; Siu, Lu, & Brough, et al., 2010）。组织中的非正式支持包括：家庭支持型上司行为（专门针对家庭的支持）、上司支持（一般性支持）、员工与上司关系、家庭友好型同事、工作-家庭氛围、工作-家庭文化以及组织家庭支持感等（Cinamon, & Rich, 2010; Wayne, Casper, & Matthew, et al., 2013）。

非工作域内容主要包括家庭、社区和休闲娱乐三个部分，不过目前仍然以家庭为测量变量的研究最多。家庭对工作-家庭增益的影响因素研究，除了传统的家庭特征相关要素，来自不同方面的社会支持受到越来越多的关注。家庭特征涉及家庭需求、家庭投入、家庭压力、家庭角色突出、家庭凝聚力、家庭关系、子女年龄、照顾子女的质量、配偶照顾家庭的能力等（Carlson, et al., 2006; Lapierre, et al., 2018）。家人支持主要关注配偶、子女、其他家庭成员及延伸至亲戚朋友的社会支持行为对员工工作-家庭增益具有的促进作用(Aryee, Srinivas, & Tan, 2005; Baral & Bhargava, 2010)。目前，社区和休闲娱乐两个部分对工作-家庭增益的影响因素研究较少，主要包括社区投入、社区意识、志愿者的社会地位和运动、娱乐、健康等(Hecht & Boies; 2009; Voydanoff, 2005b)。

根据研究者对学术文献的回顾，工作-家庭增益的前因变量研究聚焦于工作域和非工作域的变量，而较少关注个体特征的变量。个体特征对工作-家庭增益的影响因素研究主要包括个体特质和个体行为两个方面。个体特征具体包括大五人格(外向性、宜人性、尽责性、经验开放性、神经质)、核心自我评价、内控型、女性化、依恋风格、积极情感等(McNall, Masuda, & Shanock, et al., 2011; Powell & Greenhaus, 2010)。个体行为包括积极思考、寻求建议、直接行动处理方式等(Rotondo & Kincaid, 2008)。

从研究结果来看，主要验证了资源和个体特征(神经质人格除外)与工作-家庭增益正向相关；需求和神经质人格与工作-家庭增益负向相关；但有两篇文献发现工作需求与工作-家庭增益正向相关(Mustapha, Ahmad, & Uli, 2011b; Voydanoff, 2005a)，这可能是因为工作要求导致了工作投入，进而有助于增益的产生(Voydanoff, 2005a)。研究热点主要聚焦于自主性、社会支持和大五人格。从发展趋势来看，工作-家庭增益的前因变量研究内容已经突破了对个体因素(如大五人格)的关注，越来越重视对二元层次(如上司与下属、配偶)和组织层次(如组织政策、组织家庭支持感)的关注。

2. 工作-家庭增益的结果变量：工作域、非工作域、个体的健康与幸福

在工作-家庭增益结果变量的工作域中，从研究内容来看主要包括态度、状态和行为，其中态度类变量研究较多，状态和行为类变量研究相对较少。工作域的态度类变量中，研究较多的是工作满意度、组织承诺和离职倾向(Carlson, Hunter, & Ferguson, et al., 2014; Zhang, et al., 2018);

研究较少的有职业满意度、工作幸福感和心理契约公平等（Allis & O'Driscoll, 2008; Taylor, Delcampo, & Blancero, 2009）。状态类变量方面的研究主要包括工作-家庭增益可以缓解工作压力和工作耗竭（Kinnunen, Feld, & Geurts, et al., 2006; Voydanoff, 2005a）等。近年来，学者们开始聚焦于工作-家庭增益带来的行为结果的讨论，这些行为结果研究最多的是工作绩效（Zhang, et al., 2018）；研究较少的有组织公民行为、支持组织的绩效、工作努力（Odle-Dusseau, Britt, & Greene-Shortridge, 2012）等。

与工作域的结果变量相似，非工作域的研究内容也主要包括态度、状态和行为，其中学者们主要聚焦于态度类变量，而对状态和行为类变量研究较少。非工作域的态度变量中研究较多的是家庭满意度、生活满意度和婚姻满意度（Masuda, McNall, & Allen, 2012; Zhang, et al., 2018）；研究较少的有家庭承诺、关系满意度、家庭幸福感（Chen, Powell, & Greenhaus, 2009; van, Ellemers, & Mooijaart, 2007）等。状态类变量方面的研究主要包括婚姻风险（Rotondo & Kincaid, 2008）和配偶关系质量（Gareis, Barnett, & Ertel, et al., 2009; Voydanoff, 2005a）等。行为类变量方面的研究主要包括家庭绩效和家庭努力（Carlson, et al., 2010; van, et al., 2007）等。

相比学者们对工作-家庭增益结果变量中的工作域和非工作域研究的热衷，对于个体的健康和幸福的研究则较少，其研究内容分为个体的身心健康和心理幸福感两个部分。个体的身心健康中关注较多的是个体的心理健康、积极心境、抑郁及心理压力（Gareis, Barnett, & Ertel, et al., 2009; Grzywacz, 2000）；研究较少的有身体健康、活力、酗酒、慢性病、睡眠质量（Cinamon & Rich, 2010; Williams, Franche, & Ibrahim, et al., 2006）等。心理幸福感中包括增益对积极心理幸福感的增加和消极心理幸福感的减少（Carlson, 2006; Grzywacz, 2000）。

从研究结果来看，学者们已经证实工作-家庭增益无论是对工作域、非工作域还是个体的身心健康，均可以带来有益的结果。研究热点主要集中于工作满意度、家庭满意度和个体的身心健康。研究趋势主要呈现出从态度类变量到行为类变量的转向。虽然工作-家庭增益的结果变量涉及构念众多,但研究范畴却较为狭窄,主要集中于个体层面的研究(如工作满意度和家庭满意度),而在组织层面的探索(如组织绩效和企业战略选择)较为欠缺。因此,突破对个体员工的关注,进一步探究工作-家庭增益对组织行为影响的内在机理,是对组织管理更为有益的研究发展,也是未来应该关注的研究方向。

3.2.6 工作-家庭增益的未来研究方向

1. 工作-家庭增益研究中存在的争议、不足与未来研究方向

通过对现有文献的梳理,研究者发现国外学者们在工作-家庭增益的领域研究已经取得了较为丰硕的成果。但相比学者们对工作-家庭冲突的领域研究,无论是工作-增益的理论研究还是实证研究,都还处于起步阶段,目前该领域存在诸多争议和不足。本书总结出以下亟待学者们进一步深入探究的5个方面:

(1)特定领域的前因变量与工作-家庭增益的方向存在争议。

工作-家庭增益前因变量的实证研究文献中目前主要支持:来自工作域的变量是工作→家庭增益的前因,来自家庭域的变量是家庭→工作增益的前因,这也符合并验证了 Greenhaus 和 Powell(2006)的研究模型。然而,实证结果显示,有些变量可以同时作为工作→家庭、家庭→工作增益的前因。例如,来自工作域的自主性和家庭支持型上司行为、非工作域的家庭关系和配偶支持均被证实与工作-家庭的双向增益呈显著正相关(Carlson, et al., 2006; Odle-Dusseau, et al., 2012)。个体特征也较多地影响增益的两个方向,例如,Michel 等(2011)在元分析中发现外向性、宜人性、尽责性、经验的开放性与工作-家庭的双向增益均显著正相关。同时,核心自我评价和依恋风格也分别与增益的两个方向显著正相关(McNall, et al., 2011; Sumer & Knight, 2001)。为什么有些变量可以同时产生工作与家庭的双向增益?为什么有些变量只能产生一个方向的增益?背后的机理是什

么?

(2)工作-家庭增益对何种领域的结果变量产生影响存在争议。

工作-家庭增益的定义中重点强调增益为接受资源的角色一方带来益处(Greenhaus & Powell,2006)。而有学者通过实证研究发现,工作-家庭增益主要给发出资源的角色一方带来有利影响,并解释为个体会将接受资源的角色中得到的好处归因为发出资源的角色所给予的,因此,个体会对发出资源的角色一方增加好感并带来相关积极结果(Voydanoff,2005a;Wayne,et al.,2004)。不过,McNall 等(2010)和 Zhang 等(2018)通过元分析,证实工作满意度和家庭满意度与两种方向的增益均呈正相关,工作→家庭增益与工作域的结果比家庭→工作增益具有更强的相关关系,家庭→工作增益与非工作域的结果比工作→家庭增益具有更强的相关关系。然而,Carlson 等(2014)却发现仅有工作→家庭增益与工作满意度正相关,而家庭→工作增益与家庭满意度并不相关,同时,两种方向的增益均与接受资源的角色满意度不相关。尽管工作→家庭增益会对工作域产生积极结果在学术界已达成基本共识,但是还有很多不一致的结论(McNall,et al.,2010b;Zhang,et al.,2018),需要后继的学者们进一步验证并给出合理的解释。

(3)个体层面的增益和系统层面的增益需要结合起来研究。

为了解决目前学术界对个体层面的增益和系统层面的增益割裂开来进行研究的问题,本书建议学者们应首先研究清楚增益如何在两个个体层之间(即二元层面,如配偶或上、下属之间)进行转移,然后再研究增益在较多个体之间(如团队成员之间或组织成员之间)如何进行传递。溢出-交叉模型(spillover-crossover models)是在一个共享的环境中两个人之间的感染过程,即一个人的经历影响了同一社会环境中另一个人的经历,其最先被提出来是用于解释夫妻间刺激源或压力的传染(Bolger,DeLongis,& Kessler,et al.,1989)。Westman(2001)提出交叉效应可以通过移情反应直接产生,或通过两个个体之间相互作用间接产生。Bakker 等人(2008,2009)根据溢出-交叉模型解释了工作-家庭冲突如何在两个个体层之间转移。有学者认为溢出-交叉模型可以扩展至个体间的积极经历或积极情感的转移（Hammer, Cullen, & Neal, et al., 2005; Westman, 2001），Demerouti（2012）证实了配偶间存在积极的溢出-交叉效应。未来需要学者们进一步利用溢出-交叉视角模型，帮助我们更好地理解工作-家庭增益如何在系统层面的个体间进行转移。

(4) 工作-家庭增益研究内容的宽度及深度亟待拓展

首先，工作-家庭增益的跨文化研究严重缺乏。目前，绝大部分关于工作-家庭增益的研究是以美国为研究背景（Powell, Francesco, & Ling, 2009）。然而，人们对于工作和家庭关系的认识本质上受到文化、信念和规范的影响（Lobel, 1991）。例如，集体主义文化的成员比个人主义文化的成员更能认识到工作与家庭之间的积极关系（Spector, Cooper, & Poelmans, et al., 2004; Yang, Chen, & Choi, et al., 2000）。因此，未来应加强跨文化研究，用文化的维度比较不同国家的研究情境，以检验相关理论的普适性及情境因素的特殊性。其次，同一文化情境中忽视了调节变量的影响。当前工作-家庭增益的研究内容主要关注前因和后果变量的拓展与分析，而性别、年龄、双职工家庭、职业、所处的行业背景、所在的团队性质等都会影响个体对工作-家庭增益的感受。所以，调节变量的作用机制研究应得到学术界的重视。最后，缺少工作-家庭冲突和工作-家庭增益的整合框架。人们处在工作与家庭的界面中，往往既能感受到冲突，又能感受到增益，冲突和增益之间是否存在某种联系？冲突能否转化为增益？哪些因素有助于该转化过程？学者们呼吁未来应该增加对两个变量的整合研究（Barnett, 1998; Frone, 2003）。

(5) 工作-家庭增益的研究方法亟须完善

目前，工作-家庭增益的研究方法集中在定量实证研究上，主要存在以下3个问题需要改善。首先，研究数据主要采用横截面数据。前述关于工作-家庭增益的前因和后果变量的研究只能反映其相关关系，而不能反映因果关系。例如，实证研究结果显示工作-家庭增益可以提升员工的工作满意度（McNall, et al., 2010b; Zhang, et al., 2018），然而，也有可能员工本来就具有较高的工作满意度,通过增加员工的积极情感,从而提高了工作-家庭增益的水平。因此,未来学者们应从简单的横截面研究转向多个时点、多个子研究以及纵向研究的复杂研究设计,使研究结果更趋于精准。其次,数据来源主要依赖于自我陈述式的调查问卷。由于存在社会称许性,往往自我评价会带来一定的误差。为了减少同源误差,未来研究应运用多种方法来证实研究问题,包括他人评价方法(即家庭成员、同事、上级等人进行评价)、不只关注员工更加关注团队的跨层方法、档案方法、数据库等二手资料方法、定性方法(访谈)。最后,研究样本多集中于已婚群体,但是,未婚个体和单亲父母同样存在工作-家庭增益问题,未来学者们应扩大样本的搜集范围。

2. 工作-家庭增益在中国文化情境下的特殊议题

中国国情与传统文化的特殊性,使得中国情境中的工作-家庭增益问题更具特色。基于此,本书提出以下5个国内学者可能取得突破的方向:

(1)中国传统性别角色定位的变化对工作-家庭增益的影响机制。

尽管"男尊女卑""女主内,男主外"的儒家传统文化在中国根深蒂固,但在毛泽东提倡"妇女撑起半边天"的思想引领下,中国女性的社会地位得到空前提高。特别是改革开放以来,随着中国经济的不断发展,越来越多的女性获得了较高的教育水平,并取得了较好的工作机会,中国女性的经济能力得到了显著提高,女性在家庭中正在取得新的地位和影响力。当前,传统上以"相夫教子"为职责的女性希冀获得更好的职业发展,而传统上以"赚钱养家"为己任的男性则需要承担更多的家务。这种变化不仅令孩子喜欢、妻子满意,男性自身也由此获得了全新的自我定义,这也许正是《爸爸去哪儿》《爸爸回来了》等以爸爸带孩子为主题的综艺节目取得较高收视率的部分原因。因此,探讨中国传统性别角色的变化对工作-家庭增益的影响机制是非常有趣且具有时代意义的研究命题。

(2)中国员工的工作价值观对工作-家庭增益的影响机制

我国向来推崇"家和万事兴""安居乐业""不扫一屋何以扫天下"等重

视家庭的传统文化,在此文化熏陶下的中国员工必然与西方员工持有不同的工作价值观。有学者认为西方员工主要持有个人主义的工作价值观,即工作目的在于满足个人,工作与家庭是相互竞争的关系(Yang, Chen, & Choi, et al., 2000);而我国员工则主要拥有家庭导向的工作价值观,即中国人勤奋工作的目的不仅在于满足个人的成就动机,更是其为家庭带来幸福和荣誉的一种重要手段,工作和家庭是非竞争的关系(王永丽,何熟珍,2008)。在此价值观的影响下,相比于西方员工,中国员工可能更容易将工作与家庭视为一个整体,进而更易感觉到工作与家庭相互增益的关系。因此,深入挖掘中国员工的工作价值观对工作-增益的影响机制是中国学者可能取得创新的重要议题。

(3)社会转型期中的职场代际差异对工作-家庭增益的影响机制。

随着改革开放后的经济迅速发展,人们的物质生活得到了很大的改善。当人们满足了基本生存需求后,自然会追求更高的生活品质,更加重视家庭和私人时间(Yang, et al., 2000)。尤其是成长于转型时期的80后、90后新生代员工已成为职场中的主力军,相比老一代员工而言,他们自我意识强烈,渴望追求自由、不受约束的生活方式,不希望因为繁忙的工作,牺牲自己与亲人朋友相聚的机会。同时,迫于当前职场中竞争的压力及独生子女政策的影响,很多新生代员工只生一个孩子,因此他们更加重视对子女的教育,期望得到更多的亲子时光。老一代员工可能认为薪酬是产生工作-家庭增益的重要资源,而新生代员工可能认为工作中的弹性才是工作-家庭增益形成的驱动器。从代际差异的视角探讨如何提高员工的工作-家庭增益对于组织来说意义重大。

(4)中国社会的"关系"文化对工作-家庭增益的影响机制

中国是人情社会,同时由于中国的法律制度目前尚不健全,因此"关系"可以说是中国人维系经济活动和社会生活的基本纽带。西方的社会关系一般是从陌生人关系出发,逐渐达到熟识亲密。与西方不同,中国的社会"关系"通常从"圈内"成员身份已获确定的状态下出发,甚至连后续新拓展的关系也必须建立在现有的基础上。中国社会"关系"的本质是以"圈内"

成员之间的互惠交换为前提,"关系"通常偏重于"圈内人"利益,而对"圈外人"产生排他效应(Hwang,1987)。在中国的国情下,职场中与领导的"关系"、与同事的"关系"以及与下属的"关系"是获得领导支持、同事支持以及下属支持的重要途径,而这些支持往往比组织制度的支持对员工的工作-家庭增益影响更大。中国学者可将"关系"、感恩图报、政治技能等理论视角引入到工作-家庭增益的研究中来。

(5)中国家庭中的代际支持对工作-家庭增益的影响机制。

家庭域中的社会支持是工作-家庭增益的重要前因变量,目前国外的研究主要集中于家庭域的配偶支持。而在中国的社会文化背景下,代际支持则是家庭域社会支持的重要形式。在中国传统的家庭代际支持中,主要包括父母对子女的支持和子女对父母的支持两个方面。一方面中国老人需要依赖儿子(与儿媳)、女儿(与女婿)的赡养度过晚年,即"养儿防老",赡养老人既是中国《宪法》的规定,更是中华儿女的传统美德;另一方面中国素有儿童由祖父母或外祖父母帮忙照看的传统,祖父母或外祖父母在照看孙子(女)或外孙(女)时,即可以让子女安心工作,更可以享受三代同堂的天伦之乐。中国家庭中的代际支持是否可以补充和完善目前西方以配偶支持为主要研究的框架体系?这种代际互惠的支持对中国员工工作-家庭增益又会产生怎样的影响?这些问题值得中国学者深思。

第4章 FSSB与员工工作敬业度：双向工作-家庭增益的中介作用

4.1 问题的提出

近年来，随着积极组织行为学（positive organizational behavior）的兴起，工作敬业度（work engagement）作为员工全身心投入到工作角色中的一种积极状态（Kahn, 1990; Schaufeli, et al., 2002），引起组织管理研究者的浓厚兴趣（Zhong, Wayne, & Liden, 2016）。研究表明，激发员工的工作敬业度不仅能够增强员工的主观幸福感（Bakker & Oerlemans, 2011），也是提高个体工作绩效（Rich, et al., 2010）和组织财务绩效（Xanthopoulou, Bakker, & Demerouti, et al., 2009）的有力保障。因此，深入探讨组织情境中员工工作敬业度的影响因素及其作用机理，具有重要的实践意义和理论价值。纵观工作敬业度的研究，研究者发现现有文献主要是基于工作要求-资源模型（job demands-resources model），验证了组织在工作范畴内提供的满足员工工作需求的支持（如上司的工作支持）是提升员工工作敬业度的重要资源（Crawford, et al., 2010; Nahrgang, et al., 2011）。

然而，随着社会人口的日趋老龄化以及职场上女性比例的逐年提高，员工的家庭需求也在日益增加（Greenhaus & Kossek, 2014; 马红宇等, 2016），雇主们发现单纯地提供工作方面的支持已经难以激励员工敬业了（James, McKechnie, & Swanberg, 2011; Swanberg, McKechnie, & Ojha, et al.，2011）。此时，作为组织，如果鼓励各层管理者在工作范畴之外关心员工家庭生活需求，帮助员工处理好工作与家庭之间的关系，即开展家庭支持型上司行为(family-supportive supervisor behaviors，FSSB)，可能是激励员工敬业的重要途径(Straub，2012)。FSSB 是 Hammer 等（2009）发展出的一个较新概念，因其可操作性强，迅速成为工作-家庭研究领域的新兴话题(Straub，2012；马红宇等，2016)。现有文献已发现 FSSB 可以带来对工作有利的结果，例如，提升员工的工作满意度和降低员工的离职倾向(Hammer, et al., 2011; 姜海等，2015)，但鲜有研究关注 FSSB 对员工工作敬业度的影响。更为重要的是，目前关于 FSSB 的研究基本上都是在西方的文化情境中进行(马红宇等，2016)，其能否应用于中国文化情境尚需考察。

与西方倾向于将事物视为独立与分离的特定型文化(specific culture)相比，中国的扩散型文化(diffuse culture)使得人们更偏好于采用整合观和全局观去看待事物(Hoecklin，1995；Powell, et al.，2009)。具体而言，中国员工往往不会将社会生活(如工作)和私人生活(如家庭)视为两个分离的生活空间(Trompenaars & Hampden-Turner，1998)。也就是说，中国员工可能会比西方员工更愿意与社会生活中的成员(如上司)谈论自己私人生活(如家庭)中遇到的问题(Wang, et al., 2013)，从而可能会更加适应并且积极回应上司所给予的家庭支持。因此，本书的首个科学问题是：控制了上司的工作支持后，FSSB 能成为驱动中国员工敬业的有效因素吗？此外，由于目前 FSSB 的理论研究还处于起步阶段，对于 FSSB 与结果变量之间的作用机制研究相对较少(Straub，2012)。而现有的实证研究已经发现，工作资源主要是通过满足个体的三种心理需要(自主、关系和胜任)(Broeck, et al., 2008)和三种心理状态(意义感、安全感和可用感)(May, et al., 2004)，进而提升员工工作敬业度。那么，就有必要进一步探讨作为边界跨越资源(boundary-spanning resources)(Voydanoff，2005)的 FSSB 是如何对员工工作敬业度产生影响的。由于扩散型文化的影响，中国员工更倾向于将工作与家庭两个领域的生活视为一个整体，因而可能会感知到较多的双向工作-家庭增益。本书的第二个科学问题是：工作→家庭增益与家庭→工作增益能够成为 FSSB 影响我国员工敬业的中介变量吗？

除了上述亟待解决的理论问题外，目前相关的实证研究还存在方法上的局限性。在工作-家庭界面的相关实证研究中主要采用横截面数据（McNall，Nicklin，& Masuda，2010），这可能会产生较大的共同方法偏差，从而影响研究结论的正确性（Podsakoff，MacKenzie，& Lee，et al., 2003）。因此，工作-家庭界面的学者们呼吁后续研究者应采用多时点搜集数据的方法（Odle-Dusseau，et al., 2012）。另外，关于工作敬业度的研究样本比较单一。现有的实证研究多以教师（Bakker，et al., 2007）、消防员（Rich，et al., 2010）和公务员（杨红明，廖剑桥，2011）等特殊职业群体为样本，而缺少对企业员工的研究，从而制约了相关研究结论的理论拓展与管理实践意义。针对以上理论与方法问题，本书试图依据资源-获取-发展理论（Wayne，et al., 2007），通过间隔时间为 3 个月的两阶段问卷调查方式，对我国多个企业的 277 名员工进行实地调研，深入探讨 FSSB 对员工工作敬业度的直接影响以及双向工作-家庭增益在两者关系之间所发挥的中介效应。本书的理论模型如图 4-1 所示。

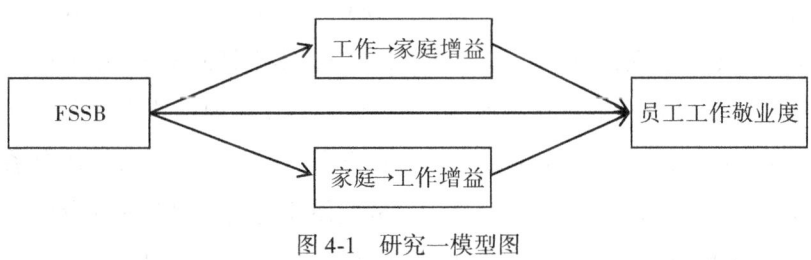

图 4-1　研究一模型图

4.2　理论和假设

4.2.1　FSSB 与员工工作敬业度（资源-获取-发展理论视角）

Thomas 和 Ganster（1995）首先提出了家庭支持型上司（family-supportive

supervisor)的概念,并将其定义为"对员工渴望寻求工作-家庭平衡具有同理心的上司"。在此基础上,Hammer等(2009)从行为层面丰富了家庭支持型上司的内涵,并发展出 FSSB 的概念。FSSB 是上司帮助员工处理好工作与家庭关系的管理行为,具体包括情感支持、工具支持、创新管理和角色模范四个维度(Hammer, et al., 2009;马红宇等,2016)。情感支持关注员工感知到自己被上司关心,情感得到上司尊重,和上司沟通工作与家庭事项时感觉很舒适。工具支持是当个别员工的家庭事务与工作安排发生冲突时,上司能够提供弹性的工作方式予以解决。与被动提供给个别员工的工具支持不同,创新管理是上司从战略角度积极主动地重构工作时间、地点和方式,以帮助员工取得工作与生活的平衡。角色模范是上司通过自己的言行举止来示范如何有效地平衡工作和家庭生活,从而向员工传递出一种重视工作-家庭平衡的价值观,并向员工发出信号什么是组织可以接受的工作与家庭同时兼顾的行为。

工作敬业度是员工将自己的能量投入到工作角色中的程度(Kahn, 1990),这表明员工能够控制和调整自身在工作中的敬业度水平。以往研究表明,员工往往根据其在工作环境中获取资源的多少来调整自身的工作敬业度(Crawford, et al., 2010; Kahn, 1990; Nahrgang, et al., 2011)。基于资源-获取-发展理论(Wayne, et al., 2007),本书推断 FSSB 作为边界跨越资源能够提升员工的工作敬业度。资源-获取-发展理论认为,人们有成长、发展和追求最高层次生活质量的自然倾向,因此,在参与的每个系统中(包括工作和家庭),他们都会努力获取促使他们成长和发展的资源,并且会最大化地利用这些资源,以便获取收益的良性循环(Wayne, et al., 2007)。以资源-获取-发展理论(Wayne, et al., 2007)为视角,当上司提供家庭支持型行为时,由于个体有追求最高层次生活质量的本能,员工会积极获取这种边界跨越资源用于有效地处理工作-家庭事项。当员工成功地取得并运用上司提供的家庭支持资源后,员工又将获取和发展新的资源,如积极的情绪、充沛的体能和更高的办事效率。由于员工本能地追求自己的成长、发展及相关收益最大化,这些新资源又会使员工对工作更加热情、专注并精力充沛(Nahrgang, et al., 2011)。至此,员工获得了收益的良性循环。也就是说,FSSB 有利于员工工作敬业度的提升。

此外,以西方文化为背景的少量研究支持了 FSSB 与工作敬业度之间的正向关系。自 Straub(2012)在理论模型中首次提出 FSSB 可能会正向影响工作敬业度后(Straub, 2012),Matthews 等(2014)依据拓展-建构理论(broaden-and-build theory),发现 FSSB 可以有效提升员工的工作敬业度。最近,Rofcanin 等(2016)基于社会信息加工理论(social information processing theory),也发现 FSSB 能够促进员工的工作敬业度。Wang 等(2013)认为,与西方文化相比,中国较强的扩散型文化会使得中国员工更能适应上司的家庭支持,从而也会给予积极的回应。基于此,本书提出以下假设:

假设1:FSSB 将正向促进员工工作敬业度。

4.2.2 双向工作-家庭增益的中介作用

在积极组织学术研究(Camaro, 2003)的影响下,学者们认识到工作与家庭界面的关系除了消极的冲突,也包括积极的增益(Frone, 2003)。工作-家庭增益是个体从工作(家庭)角色中所获得的经历有助于提高其在家庭(工作)角色中的生活质量(Greenhaus & Powell, 2006)。工作与家庭之间的增益包括工作→家庭和家庭→工作的双向增益,且工作→家庭增益与家庭→工作增益是两个相互独立的概念(Carlson, et al., 2006)。目前关于工作与家庭界面的文献主要关注工作-家庭冲突(Butts, Casper, & Yang, 2013),尽管上司对员工的家庭支持与工作-家庭冲突的显著负相关关系已得到研究的一致支持(Breaugh & Frye, 2008; Lapierre & Allen, 2006; Kossek, et al., 2011; Thomas & Ganster, 1995),但其与工作-家庭增益的关系却刚刚引起学术界的重视(Odle-Dusseau, et al., 2012)。

资源-获取-发展理论(Wayne, et al., 2007)认为人们有把自己在一个系统中(如工作)获得的资源积极运用于其他系统中(如家庭),以满足追求最高层次生活质量的自然倾向,而资源正是工作-家庭增益发生的基础。基于该理论,Wayne 等(2007)构建了资源-获取-发展模型,并提出上司提供的社会支持是促进员工工作→家庭增益的重要资源之一。然而，为数不多的相关实证研究却存在不一致的研究结论。即有研究发现上司支持会显著提高员工的工作→家庭增益(Cinamon & Rich, 2010; Nicklin & McNall, 2013)，也有结果表明上司支持与员工的工作→家庭增益之间并无显著关系(Aryee, et al., 2005; Wayne, et al., 2006)。结论不一致的原因可能是上述研究的自变量是上司的一般性支持，而不是上司针对员工家庭的专门支持。上司的一般性支持聚焦于提高员工工作效率，而上司的家庭支持则关注帮助员工有效履行家庭责任(Kossek, et al., 2011)。Kossek等(2011)通过元分析发现，对比支持工作的一般性支持，上司支持家庭的专门支持与工作→家庭冲突的负向关系更加显著，即上司的家庭支持比工作支持更利于提升员工处理工作和家庭事项的能力。

依据上述推理过程，当上司提供帮助员工履行家庭责任的管理行为时，一方面，员工会积极利用该边界跨越资源(如工具支持、创新管理或向上司学习的方法和技能)直接改善家庭生活质量，从而提高工作→家庭增益。同时，当上司真诚地关心员工家庭需求时，员工会感知到自己被上司关心和尊重而产生积极的情绪，这种来自于工作域的积极情绪有助于员工在家庭角色中表现得更好，进而促进工作→家庭增益。另一方面，FSSB由于帮助员工更加有效地融合工作与家庭生活，而使工作环境变得更加家庭友好(Straub, 2012)，家庭友好的工作环境更有利于员工充分利用家庭角色中的资源去提高工作角色的生活质量。举例来说，员工很容易将与家人相处时取得的人际交往经验(如真诚的沟通)应用到家庭友好的工作场所中，以改善工作中的人际关系，从而增强家庭→工作增益。相似地，员工也会积极地将陪伴家人时收获的愉快心境带到家庭友好的工作场所中，以利于员工在工作角色中表现得更加出色，即提升了家庭→工作增益。此外，现有的少量研究也可以支持上述推断，Odle-Dusseau等(2012)基于资源保存理论证实了FSSB与双向工作-家庭增益显著正相关；类似地，姜海等(2015)依据资源保存理论发现FSSB与工作→家庭增益呈显著正相关。因此，本书提出以下假设：

假设 2a：FSSB 将正向促进工作→家庭增益。

假设 2b：FSSB 将正向促进家庭→工作增益。

进一步地，资源-获取-发展理论（Wayne, et al., 2007）提出，工作-家庭增益的最终目标是为了增强工作和家庭系统的整体效能。当员工经历了工作→家庭增益后，按照 Wayne 等（2004）的观点，员工会将家庭生活质量的改善归因于工作域中的收益，这将激发员工对工作投入更多的积极情感和行为努力，以回报工作带来的好处。而当员工体验了家庭→工作增益后，依据 Greenhaus 和 Powell（2006）对增益的定义，在家庭生活中收获的积极情感、恢复的体能等收益可以使员工在工作角色中更加投入。因此，双向工作-家庭增益都会正向影响员工工作敬业度。上述观点也得到实证研究的部分支持，Timms 等（2015）发现员工经历的工作→家庭增益正向影响员工工作敬业度，Cinamon 和 Rich（2010）则发现教师感知的家庭→工作增益显著提升了他们在工作中的活力。因此，本书提出以下假设：

假设 3a：工作→家庭增益会正向促进员工工作敬业度。

假设 3b：家庭→工作增益会正向促进员工工作敬业度。

根据资源-获取-发展理论（Wayne, et al., 2007），工作与家庭之间的双向增益是联结资源与工作和家庭系统功能的"桥梁"，结合假设 1、2 和 3，本书提出以下假设：

假设 4a：工作→家庭增益会中介 FSSB 与员工工作敬业度之间的关系。

假设 4b：家庭→工作增益会中介 FSSB 与员工工作敬业度之间的关系。

4.3 研究方法

4.3.1 研究样本与数据收集

本书共调查了分布在武汉、合肥、深圳、上海和北京的 17 家企业，企业类型涉及制造业、电子信息、电力与电力服务等行业，所有被试均为所属企业的全职员工，并且有一名明确的直接上司。为避免共同方法偏差可能对研究结论产生的影响,本书采用间隔时间为 3 个月的两阶段问卷调查方式。在调研开始前,研究者与企业负责人进行充分沟通,解释本次调研的目的、形式及保密措施等内容,以获得对方的支持与配合。在调研过程中,研究者与企业安排的"联络人"共同确定调查对象与程序,然后进行编码,以便两个时间阶段所填写的数据相匹配。为尽可能保证问卷填写的真实性,所有问卷采用匿名形式,并告知被试数据收集纯粹作为学术研究之用。另外,研究者预先将每套问卷用信封封好,并在封口处贴上双面胶,待被试填写完成后自行密封,并交由"联络人"邮寄给研究者。

第一时间阶段要求被试填写个人基本信息、家庭支持型上司行为与上司工作支持行为,间隔 3 个月后的第二时间阶段要求被试填写双向工作-家庭增益与员工工作敬业度。第一时间阶段共发放 387 份问卷,回收后对空白较多和反应倾向过于一致的问卷予以剔除,共获得 358 份有效问卷。第二时间阶段共发放 358 份问卷,共收回 305 份能够与第一时间阶段调查准确匹配的问卷,剔除空白较多和反应倾向过于一致的问卷后,最终获得有效问卷 277 份,问卷有效回收率为 70.13%。在有效的样本中,男性占 59.2%,88.1%的员工获得大专及以上学历。关于年龄,15.2%的员工为 25 岁以下,65%的员工为 25~35 岁,16.6%的员工为 35~45 岁,3.2%的员工为 45 岁以上。关于工作年限,32.6%的员工在 5 年以下,44.8%的员工在 5~10 年,22.6%的员工在 10 年以上。关于家庭责任,54.9%的员工没有小孩,2.2%的员工有大于或等于 18 周岁的小孩,43%的员工有小于 18 周岁的小孩。(详见附录"二、第四章调查问卷")

4.3.2 测量工具

本书使用的成熟量表均开发于西方语言情境,因而研究者在调研前对所有量表进行了翻译和回译的过程(Brislin,1986)。具体来说,研究者首先将英文量表翻译成中文,之后邀请另外一名组织行为学研究方向的双语教授将翻译好的中文量表回译成英文。接着,两人对回译后的英文量表与英文初始量表进行对比,对差异部分进行修改以最终确定中文量表的翻译内容。研究中涉及的所有变量均采用 Likert 6 点制量表计分(1=非常不符,4=有点相符,6=非常相符),以抑制中国人倾向于选择中间数值的偏好(Cheng, Chou, & Wu, 2004)。具体各个变量的测量如下所述。

家庭支持型上司行为(FSSB)。本书采用 Hammer 等(2009)开发的包含四个维度的量表。其中,情感支持维度共 4 个题项($\alpha=0.87$),如"与上司谈论我的工作与家庭生活冲突时,他/她让我感觉舒服";工具支持维度共 3 个题项($\alpha=0.73$),如"如果家里突然有急事,上司可以妥善安排我的工作任务";创新管理维度共 4 个题项($\alpha=0.92$),如"上司会考虑如何安排工作以使员工和公司共同受益";角色模范共 3 个题项($\alpha=0.93$),如"如何兼顾工作与家庭生活,上司展现出了有效的行为"。该量表在本书中的 Cronbach's α 系数为 0.92。

双向工作-家庭增益。本书选取 Carlson 等(2006)开发的包括工作→家庭和家庭→工作的双向增益量表。其中,工作→家庭增益有 9 个题项,如"工作中学会的耐心和宽容使我在家庭生活中表现更好";家庭→工作增益有 9 个题项,如"家庭生活中收获的好心情让我在工作中表现更好"。双向增益量表在本书中的 Cronbach's α 系数均为 0.96。

员工工作敬业度。本书沿用 Schaufeli 等(2002)开发的敬业度量表,包括 3 个维度。其中,活力维度有 3 个题项($\alpha=0.87$),如"在工作中,我充满活力";奉献维度有 3 个题项($\alpha=0.91$),如"我对自己所从事的工作充满热情";专注维度有 3 个题项($\alpha=0.89$),如"我沉浸在我的工作之中"。该量表在本书中的 Cronbach's α 系数为 0.94。

控制变量。Nahrgang 等(2011)通过元分析发现上司提供的工作支持是影响员工工作敬业度的关键工作资源。同时,已有的实证研究显示上司提供的工作支持显著正向影响工作→家庭增益(Cinamon & Rich, 2010)和家庭→工作增益(Bhargava & Baral, 2009),因此,本书需要对上司提供的工作支持进行控制。上司工作支持的测量沿用 Rhoades 等(2002)在其研究中使用的 3 个题项量表,代表题项为"上司为我的工作业绩感到骄傲",该量表在本书中的 Cronbach's α 系数为 0.89。此外,本书还控制了员工的家庭责任和一些人口学特征,包括性别、工作年限和教育程度。

4.3.3 统计分析方法

本书运用 SPSS 20.0 进行描述性统计分析、信度检验和层级回归,运用 AMOS 17.0 进行验证性因子分析。此外,运用 SPSS PROCESS 宏程序检验双中介效应。PROCESS 宏程序的功能较以往类似工具如 SPSS INDIRECT 更加强大(Hayes,2013),正逐步得到学者们的了解和接受(陈笃升、王重鸣,2015)。本书 Bootstrapping 分析采用 20000 次重复抽样,设定 95% 偏差校正置信区间(CI)。当置信区间的上下限之间不包括零时,表明所检验的双中介效应是显著的。

4.4 研 究 结 果

4.4.1 验证性因子分析

本书采用验证性因子分析考察 FSSB、上司工作支持、工作→家庭增益、家庭→工作增益与员工工作敬业度的区分效度,以确定这五个构念是不同的变量。由于变量的测量题项较多,将 FSSB 按照情感支持、工具支持、创新管理和角色模范 4 个子维度进行打包(Hammer, et al., 2009);将工作→家庭增益按照发展、情感和资本 3 个子维度进行打包,将家庭→工作增益按照发展、情感和效能 3 个子维度进行打包(Carlson, et al., 2006);同时将员工工作敬业度按照活力、奉献和专注 3 个子维度进行打包(Schaufeli, et al, 2002)。结果如表 4-1 所示,五因子模型的拟合效果良好(χ^2 = 285.79;df = 94;χ^2/df = 3.04;CFI = 0.96;TLI = 0.95;RMSEA = 0.086),并且明显优于其他模型,如四因子模型(将工作→家庭增益和家庭→工作增益进行合并,χ^2 = 405.53;df = 98;χ^2/df = 4.14;CFI = 0.94;TLI = 0.92;RMSEA = 0.107),这表明本书中的五个构念具有良好的区分效度。

表 4-1 验证性因子分析结果（$N=277$）

模型	χ^2	df	χ^2/df	CFI	TLI	RMSEA
零模型	4851.14	120				
五因子模型	285.79	94	3.04	0.96	0.95	0.086
四因子模型	405.53	98	4.14	0.94	0.92	0.107
三因子模型	449.78	101	4.45	0.93	0.91	0.112
二因子模型	1089.73	103	10.58	0.79	0.76	0.186
单因子模型	1258.93	104	12.11	0.76	0.72	0.201

注：五因子模型：FSSB，工作支持，工作→家庭增益，家庭→工作增益，员工工作敬业度；

四因子模型：FSSB，工作支持，工作→家庭增益+家庭→工作增益，员工工作敬业度；

三因子模型：FSSB+工作支持，工作→家庭增益+家庭→工作增益，员工工作敬业度；

二因子模型：FSSB+工作支持+工作→家庭增益+家庭→工作增益，员工工作敬业度；

单因子模型：FSSB+工作支持+工作→家庭增益+家庭→工作增益+员工工作敬业度。

4.4.2 共同方法偏差检验

本次调研涉及的变量均由员工进行评价，因此可能存在共同方法偏差问题。为了避免这种由测量方法而非构念本身所产生的变异对研究结论造成的严重影响，本书采用两阶段问卷调查和匿名填答问卷等方法，这在一定程度上可以降低共同方法偏差的影响（Podsakoff, et al., 2003）。此外，运用"Harman 单因子检验法"和"控制非可测潜在方法因子法"检验共同方法偏差。首先，Harman 单因子检验结果显示，首因子解释的变异量为 21.21%，小于总变异量（57.93%）的一半（周浩，龙立荣，2004）。其次，控制非可测潜在方法因子的检验结果如表 4-2 所示。从表 4-2 可知，控制前后模型的合指数 CFI、TLI、RMSEA 的变化值均在 0.02 以下，说明控制后模型并不显著优于控制前模型（Dulac, et al., 2008）。综上分析，可以判定本书不存在严重的共同方法偏差问题。

表 4-2 共同方法偏差检验结果（$N=277$）

模型	χ^2	df	χ^2/df	CFI	TLI	RMSEA
控制前	285.79	94	3.04	0.96	0.95	0.086
控制后	210.57	78	2.70	0.97	0.96	0.077

4.4.3 描述性统计结果

本章中各变量的均值、标准差和相关系数如表 4-3 所示。其中，变量 1~7 为第一时间阶段测量，变量 8~10 为第二时间阶段测量。从表 4-3 可以看出，第二时间阶段的工作→家庭增益（$r=0.40$，$p<0.01$）、家庭→工作增益（$r=0.37$，$p<0.01$）和员工工作敬业度（$r=0.43$，$p<0.01$）与第一时间阶段的 FSSB 均存在显著正相关关系，这为研究假设提供了初步支持。另外，第二时间阶段的工作→家庭增益（$r=0.37$，$p<0.01$）、家庭→工作增益（$r=0.30$，$p<0.01$）和员工工作敬业度（$r=0.42$，$p<0.01$）与第一时间阶段的上司工作支持也均存在显著正相关关系，同时，FSSB 与上司工作支持显著相关（$r=0.53$，$p<0.01$），这为选择将上司工作支持作为重要控制变量提供了依据。

4.4.4 假设检验

本书采用层级线性回归检验假设，层级线性回归分析结果见表 4-4。

表 4-3 描述性统计分析结果（$N=277$）

变量名称	M	SD	1	2	3	4	5	6	7	8	9
1 性别	0.41	0.49									
2 年龄	2.08	0.67	-0.01								
3 工作年限	6.34	5.60	-0.05	0.55**							
4 受教育程度	2.62	0.81	0.07	0.08	-0.04						
5 家庭责任	1.88	0.98	0.00	0.45**	0.48**	-0.17**					
6 工作支持	4.14	1.15	-0.08	-0.05	-0.12	-0.14*	-0.13*				
7 FSSB	4.19	1.00	-0.08	-0.05	-0.13*	-0.19**	-0.06	0.53**			
8 工作→家庭增益	4.43	0.93	0.02	-0.05	-0.16**	-0.12*	-0.03	0.37**	0.40**		
9 家庭→工作增益	4.55	0.86	-0.01	-0.04	-0.12	-0.19**	-0.03	0.30**	0.37**	0.56**	
10 员工工作敬业度	4.27	0.99	0.01	-0.01	-0.08	-0.19**	0.06	0.42**	0.43**	0.52**	0.45**

注：性别，0 为男性，1 为女性；年龄，1 为 25 岁以下，2 为 25~35 岁，3 为 35~45 岁，4 为 45 岁以上；工作年限，1 为 5 年以下，2 为 5~10 年，3 为 10 年以上；受教育程度，1 为高中及以下，2 为专科，3 为本科，4 为研究生及以上；家庭责任，1 为没有小孩，2 为有大于 18 周岁或等于 18 周岁的小孩，3 为有小于 18 周岁的小孩；*. 表示 $p<0.05$，**. 表示 $p<0.01$。

表 4-4 层级线性回归分析结果（$N=277$）

变量	工作→家庭增益		家庭→工作增益		员工工作敬业度			
	模型 1	模型 2	模型 3	模型 4	模型 5	模型 6	模型 7	模型 8
截距项	4.41***	4.40***	4.54***	4.53***	4.24***	4.23***	4.25***	4.25***
控制变量								
性别	0.09	0.10	0.07	0.08	0.12	0.13	0.07	0.07
工作年限	−0.14**	−0.11*	−0.12*	−0.09	−0.09	−0.06	−0.01	0.00
受教育程度	−0.02	0.01	−0.08	−0.05	−0.07	−0.04	−0.05	−0.04
家庭责任	0.12*	0.09	0.15**	0.12*	0.16**	0.15**	0.10**	0.10**
工作支持	0.31***	0.19**	0.23***	0.11*	0.35***	0.30***	0.22***	0.20***
自变量								
FSSB		0.29***		0.30***		0.26***		0.12*
中介变量								
工作→家庭增益							0.44***	0.40***
家庭→工作增益							0.16**	0.13*
R^2	0.35	0.40	0.28	0.35	0.43	0.47	0.52	0.62
ΔR^2		0.05***		0.07***		0.04***	0.09***	0.15***

假设1的检验。控制了相关变量之后,模型6显示FSSB对员工工作敬业度具有显著正向影响($\beta=0.26$,$p<0.001$),假设1获得了支持。

假设2的检验。对相关变量进行控制后,模型2显示FSSB对工作→家庭增益具有显著正向影响($\beta=0.29$,$p<0.001$),假设2a获得了支持;模型4显示FSSB对家庭→工作增益具有显著正向影响($\beta=0.30$,$p<0.001$),假设2b获得了支持。

假设3的检验。从模型7中可知,控制了相关变量之后,工作→家庭增益显著正向影响员工工作敬业度($\beta=0.44$,$p<0.001$),假设3a获得了验证;家庭→工作增益显著正向影响员工工作敬业度($\beta=0.16$,$p<0.01$),假设3b获得了验证。

假设4的检验。在上述假设得到验证的基础上,通过模型8可知,当工作→家庭增益和家庭→工作增益同时进入模型之后,工作→家庭增益($\beta=0.40$,$p<0.001$)和家庭→工作增益($\beta=0.13$,$p<0.05$)显著影响员工工作敬业度,而FSSB对员工工作敬业度的正向影响虽然仍然显著,但其显著性和显著系数均明显降低($\beta=0.12$,$p<0.05$)。上述分析结果表明,工作→家庭增益和家庭→工作增益部分中介了FSSB对员工工作敬业度的正向影响,故本书的假设4a和4b得到证实。为了进一步确认中介效应的显著性,本书运用SPSS PROCESS宏程序进行Bootstrapping检验,基于20000次重复抽样的分析结果支持了假设4a(中介效应=0.12,95%置信区间=[0.10,0.30])和4b(中介效应=0.04,95%置信区间=[0.01,0.18])。

4.5 结果讨论

本书基于资源-获取-发展理论,深入探讨了FSSB对员工工作敬业度的影响效果及其中介机制。研究结果显示,控制了上司提供的工作支持后,FSSB对员工工作敬业度存在显著的正向影响;双向工作-家庭增益部分中介了FSSB对员工工作敬业度的正向影响,其中,工作→家庭增益的中介作用更加显著。

4.5.1 理论意义

本书具有四点理论贡献。

首先，本书不仅拓展了员工工作敬业度的影响因素，也丰富了员工工作敬业度的影响机理研究。以往针对员工工作敬业度的影响因素研究，主要聚焦于工作因素(Crawford, et al., 2010; Nahrgang, et al., 2011)，而对非工作的生活因素却较少关注。鉴于现代员工越来越重视工作与生活的质量(Twenge, Campbell, & Hoffman, et al., 2010)，而家庭生活是人们生活的重要组成部分(Greenhaus & Kossek, 2014)，本书做了积极的探索，从资源-获取-发展理论视角切入，证实了上司旨在帮助员工履行家庭责任的管理行为是激发员工工作敬业度的又一重要因素。这一研究结论不仅将员工工作敬业度的影响因素从工作领域拓展到家庭领域，而且也为解释敬业度的产生机理提供了新的理论视角，从而丰富了过往主要基于工作要求-资源模型阐述敬业度的影响机理研究。

其次，本书首次揭示了双向工作-家庭增益在FSSB和员工工作敬业度之间所起的中介作用，从而揭开了边界跨越资源与员工工作敬业度之间的"黑箱"。在明确了FSSB与员工工作敬业度之间的关系之后，本书进一步探索这一关系背后的内在作用机制。目前的工作与家庭界面的范式研究过多关注工作-家庭冲突，因此，Crain和Hammer(2013)鼓励学者们应积极探究工作-家庭增益在资源与员工态度和行为之间所起的中介作用。本书基于资源-获取-发展理论，发现FSSB通过提高员工的双向工作-家庭增益进而提升了员工对工作的敬业程度。同时，本书还发现工作→家庭增益对员工工作敬业度的积极影响显著高于家庭→工作增益，从而延展了Carlson等(2014)的研究结论，其研究发现工作→家庭增益与工作满意度的正向关系比家庭→工作增益更加显著。

再次，本书对资源-获取-发展模型做了有效的检验和一定程度的拓展。在资源-获取-发展模型中，Wayne等(2007)提出了上司提供的工作支持是工作-家庭增益的重要资源之一。在本书中，控制了工作支持后，上司专门针对员工家庭提供的支持仍然可以显著提升员工的双向工作-家庭增益，从而在一定程度上丰富了资源-获取-发展模型。此外，Kossek 等（2011）的元分析发现，上司的家庭支持比工作支持更利于员工降低工作-家庭冲突。本书从积极视角出发，证实了相较于上司提供的工作支持，FSSB 与员工的双向工作-家庭增益具有更加显著的正向关系，因而对以往工作-家庭界面的理论研究做了有力的补充。

最后，本书弥补了现有相关实证研究中方法的局限性。现有的对 FSSB 和员工工作敬业度的实证研究大部分是采用横截面数据，这导致研究结论在很大程度上受到共同方法偏差的干扰，进而影响实证结果的说服力（Podsakoff, et al., 2003）。本书通过间隔期为三个月的两阶段采样设计，有效降低共同方法偏差对实证结果的干扰作用，从而为研究结论提供更加有力的证据（Odle-Dusseau, et al., 2012；朱其权，龙立荣，2012）。此外，本书通过搜集不同行业中多个企业的 277 名普通员工样本，拓展了过往相关研究中的样本来源仅限于特殊行业和特殊职业群体的研究现状，从而增强了理论的普适性。

4.5.2 管理启示

本书对管理实践亦具有一定的启示。研究结论清晰地显示，控制了上司的工作支持后，FSSB 对员工工作敬业度依然有着显著的积极影响，同时，FSSB 可以通过双向工作-家庭增益来对员工工作敬业度产生正向影响。从整体上来看，本书表明随着物质生活的逐渐改善，员工敬业的驱动因素已不再局限于工作一个方面，而是工作与家庭生活两个方面的共同影响。这要求各层管理者在日常管理实践中，除了应对员工提供工作支持，还应积极开展 FSSB，通过增强员工的双向工作-家庭增益，从而提升员工的工作敬业度。FSSB 是一种能够通过培训而获得的管理技能（Hammer, Kossek, & Anger, et al., 2011），因此，企业可以制订专门的培训计划定期开展培训课程。通过培训，首先，应让各层管理者意识到执行 FSSB 是一种通过满足员工的需求，从而有利于员工、管理者自身和整个企业的"多赢"策略。其次，应让各层管理者了解到具体执行 FSSB 时，无论是主动提供支持还是回应员工的请求而被动提供支持，都应该让下属感知到自己是被尊重和被关心的。此外，应提升各层管理者自身平衡工作与生活的能力，做好模范的带头作用，从而营造更加友好的家庭支持型氛围。在此基础上，企业可以将此项管理技能纳入各层管理者的绩效评价系统，以激励企业管理者更加有效地展示家庭支持行为。

4.5.3 研究局限和展望

本书主要存在三个方面的局限性。首先，本书无法推断变量之间的因果关系。尽管研究者采用了两阶段问卷收集方式，后续进行的共同方法偏差检验也并未发现本书存在严重的同源误差，但研究者并没有在两个时点同时检测所有变量，因此无法排除变量之间可能存在的反向影响。例如，员工体验到的员工工作敬业度也可能会影响员工的双向工作-家庭增益。未来应采用多个时点同时检测所有变量的研究方法，排除变量之间反向影响的干扰，从而有效推断研究变量之间的因果关系。其次，本书未探讨 FSSB 对员工工作敬业度和双向工作-家庭增益产生影响的边界条件。后续研究应积极探索何种情境尤其是何种中国文化情境(如权力距离、集体主义和传统性等)可以促进或抑制 FSSB 的影响作用。最后，本书的中介机制仅关注了双向工作-家庭增益，从研究的结果来看，双向工作-家庭增益仅起到部分中介作用。后续研究可以结合其他理论(如社会交换理论)视角，更加全面地探讨 FSSB 影响员工工作敬业度的中介机制。

4.6 本章小结

过往研究主要是基于工作要求-资源模型探究了组织在工作范畴内提供的满足员工工作需求的支持(如上司的工作支持)是提升员工工作敬业度的重要资源。本书从一个新的视角——上司的家庭支持出发，以资源-获取-发展理论为基础，考察了家庭支持型上司行为(FSSB)对员工工作敬业度的影响，以及双向工作-家庭增益在两者关系之间所发挥的中介作用。通过间隔时间为三个月的两阶段问卷调查方式，收集了多个企业的 277 名员工样本。控制了上司对员工的工作支持后，层级线性回归分析结果表明：

第一，FSSB 显著正向影响员工工作敬业度；

第二，FSSB 显著正向影响工作→家庭增益和家庭→工作增益；

第三，工作→家庭增益和家庭→工作增益部分中介了 FSSB 与员工工作敬业度之间的关系，其中，工作→家庭增益的中介效应更加显著。

第 5 章　FSSB 与员工工作敬业度：感恩图报与权力距离倾向的作用

5.1　问题的提出

上一章基于资源-获取-发展理论，探讨了双向工作-家庭增益在 FSSB 与员工工作敬业度之间的中介作用，研究结果显示双向工作-家庭增益具有部分中介效应。这不仅表明员工对工作与家庭之间相互增益的认知评价在 FSSB 影响员工工作敬业度的关系中发挥着重要的作用，也说明可能存在其他重要的中介变量和中介机制值得深入探讨。根据 Kahn(1990)对敬业度内涵的界定，员工在工作角色中的敬业包括生理的、认知的和情感的多方面投入。同时，认知-情感系统理论(Michel & Shoda，1995)认为，人们对事物的认知判断和情感体验共同决定了接下来所采取的态度、动机与行为。因此，当员工面对上司所给予的家庭支持资源时，除了通过双向工作-家庭增益的认知判断影响其员工工作敬业度，也有可能通过情感的驱动机制对其员工工作敬业度产生影响。那么，在中国特殊的文化情境下，这种情感机制是什么？鉴于中国以及整个亚洲地区的组织心理学与组织行为学都缺乏本土文化特色的研究(Tsui，et al.，2004；张志学等，2014)，本书积极响应马红宇等学者(2016)关于加强探究 FSSB 本土化作用机制的呼吁，试图在影响中华民族生命底色的儒家(Confucian)思想中探寻 FSSB 影响员工工作敬业度的内在"释意系统"。

本土心理学研究的奠基者杨中芳(2014)提出,本土化研究最重要的就是,"在当地人自身的文化脉络中,寻找理解彼此行动背后之心理意图及意义的惯用想法:信念、价值及规范等"。依循上述观点,本书深度挖掘中国儒家文化中所蕴含的"感恩与报恩"意识,以揭开FSSB与中国员工工作敬业度之间独特的"黑箱"机制。"感恩与报恩"意识在中国源远流长,最早始于民众在"亲子""夫妻""师友君臣"这些人伦关系中感受到了对方给予的关爱、赏识等恩待,内心油然而生的感激之情会激发自身在将来回报对方;这种心理体会被儒家学派著成经典后,千百年来通过祭天、祭祖等礼俗形式不断教化于民(唐君毅,1991;任现品,2005)。受此影响,民众在人际交往中逐渐形成了"受人滴水之恩,必当涌泉相报"和"投我以桃,报之以李"等以"感恩和报恩"为核心理念的互惠规范(樊景立,郑伯埙,2000;Yang,1957)。这种互惠规范强调交换双方在互动过程中应该相互尊重、包容和信任,从而构建一种良好的长期社会交换关系(邹文篪,田青,刘佳,2012;Hwang, Goleman & Chen, et al., 2009),这与西方的社会交换理论和互惠原则有着异曲同工之妙。因此,本章将西方的社会交换理论与儒家的"感恩和报恩"互惠规范结合起来,分析并检验感恩图报能否作为FSSB在我国文化背景下影响工作敬业度的重要心理机制。

此外,为了进一步拓展FSSB理论的跨文化应用,本书将从个体文化价值观的视角探讨FSSB发挥效能的边界条件。权力距离是区分不同文化价值观的关键维度,与西方国家较低的权力距离文化相比,中国拥有典型的高权力距离文化(Hofstede,1980)。但是,随着中国市场经济体制改革的逐渐深入以及国民受教育程度的日益提高,个体对权力距离的感知正在不断减小(廖建桥,赵君,张永军,2010),因而学者们呼吁应关注我国员工的权力距离倾向对领导行为有效性的影响(廖建桥等,2010;张燕,怀明云,2012;李锐,田晓明,柳士顺,2015)。同时,尽管现有研究已发现FSSB的有效性会受到工作-家庭冲突水平(Hammer, et al., 2011; Wang, et al., 2013)和边界控制感(姜海等,2015)等个体差异的调节,但还没有关注到个体文化价值观的潜在调节作用。作为回应，本章将考察员工的权力距离倾向在 FSSB 影响工作敬业度的整个机制中所发挥的调节作用。

综上所述，本章试图将西方的社会交换理论与儒家的"感恩和报恩"文化结合起来，构建了一个被调节的中介效应理论模型，深入探究感恩图报在 FSSB 与员工工作敬业度之间所发挥的中介作用，并关注员工的权力距离倾向在其中的调节作用。通过上述研究，理论上不仅能够丰富 FSSB 与员工工作敬业度的内在机制和边界条件的研究，也可以完善 FSSB 的跨文化研究以及强化感恩图报的本土化研究；实践上通过探索 FSSB 的文化情境性和权变性，为企业管理尤其是跨文化管理提供更加具有针对性的建议。本章的研究模型如图 5-1 所示。

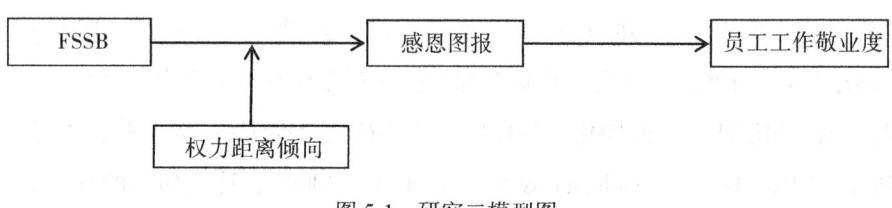

图 5-1　研究二模型图

5.2　理论和假设

5.2.1　FSSB 与员工工作敬业度(社会交换理论视角)

工作敬业度是员工将自己的能量投入在工作角色中的程度(Kahn, 1990)，而员工往往根据其在工作环境中获取资源的多少来调整自身的工作敬业度(Kahn, 1990; Crawford, et al., 2010; Nahrgang, et al., 2011)。由于上司通常对资源的分配拥有一定的决策权和监督权，所以近年来，越来越多的学者开始关注上司的领导行为对员工工作敬业度的影响(Carasco-Saul, Kim, & Kim, 2015; Shuck & Herd, 2012)。从现有的研究来看，学者们集中探讨的是上司提供给员工的工作领域内资源,并且发现那些能够真正关心员工工作需求、真诚帮助员工解决工作问题以及展现上司良好人际关系技能的上司行为,是提升员工工作敬业度的重要资源(e.g., May, et al., 2004；Tims, Bakker, & Xanthopoulou, 2011；Zhu, Avolio, & Walumbwa, 2009)。FSSB 是上司帮助员工有效履行工作与家庭责任的行为(Hammer, et al., 2011),属于工作环境中的边界跨越资源(Voydanoff, 2005)。基于社会交换理论,本书认为 FSSB 可以提升员工的工作敬业度。

基于社会交换理论,本书推断 FSSB 可以提升员工的工作敬业度。社会交换理论认为,社会交换的潜在机制就是互惠原则,当一方给予另一方具有重要价值的资源时,后者就有义务在将来以价值相当的资源回报前者(Blau, 1964；Gouldner, 1960)。由于现代员工一方面要面临高强度的工作压力,另一方面也要履行繁重的家庭责任,因此,FSSB 对于员工来说无疑是一种珍贵的资源,可以作为上司和下属进行社会交换的诱因(Bagger & Li, 2014)。当员工因为工作任务不能履行家庭责任时,或者因为家庭中的突发状况未能完成工作计划时,如果上司能够从情感上真诚地关心员工,并积极地向员工提供针对性的工具支持,员工会感知到自己被上司重视和尊重,从而促使员工将自己和上司之间的关系认定为社会交换,而不是单纯的经济交换(Bagger & Li, 2014；Wilson, Sin, & Conlon, 2010)。员工在社会交换和互惠原则的驱动下,会努力做出对上司有利的行为。由于员工的工作任务主要由上司安排,因此,在工作中表现敬业就是对上司最直接的报答(樊景立,郑伯埙,2000)。基于上述推理过程,本书提出以下假设:

假设 1：FSSB 将正向影响员工工作敬业度。

5.2.2 感恩图报的中介作用

感恩(gratitude)作为一种美德,在中西方的文化中都备受推崇。但直到近年来,随着积极心理学(Positive Psychology)的兴起,对感恩的研究才逐渐从哲学思辨转向实证科学,并得到学者们的广泛关注(Emmons & Shelton，2005；梁宏宇，陈石，熊红星，等，2015；McCullough，Emmons，& Tsang，2002；Emmons & McCullough，2003；Solomon，2004）。文献梳理的结果显示，感恩本质上是一种积极情感（Emmons & Shelton，2005；梁宏宇等，2015），包括状态感恩和特质感恩两种不同的情感体验形式。特质感恩是个体体验感恩情绪的心理倾向，是个体的一种情感特质，具有稳定性（McCullough，et al.，2002）；而状态感恩是个体在特定的恩惠情境下感受到的一种即时性情绪体验，具有情境性（Emmons & McCullough，2003）。另外，感恩具有广义和狭义之分，广义上的感恩包括个体对自然、社会和他人的感恩；而狭义上的感恩仅包括对他人的感恩（Solomon，2004）。本书研究的感恩范畴属于狭义的状态感恩，即人际感恩（interpersonal gratitude）（Solomon，2004）。

然而，国内外学者对人际感恩的内涵却无法达成一致的研究结论（蒲清平，朱丽萍，2012）。其原因在于，感恩作为人类共有的人文精神，诚然具有文化普遍性，但因所起源的文化背景不同，也存在较大的文化差异性（Emmons & Shelton，2005；梁宏宇等，2015；喻承甫，张卫，李董平，等，2010）。西方的感恩思想渗透在"博爱"的基督教文化中，受此影响，施恩者与受惠者之间并不存在互惠的关系。具体来讲，施恩者在给予恩惠时是不求回报的（Algoe & Stanton，2012；Heider，1958）；受惠者意欲报答的对象并不仅仅限于对自己有恩有惠的人，也包括其他的陌生人（Tsang，2006；Spence，Brown，& Keeping，2014）。因此，西方学者将人际感恩定义为个体在接受他人给予的恩惠（礼物、关心或者帮助等）后产生的一种心怀感激而意欲报答的积极情绪（Tsang，2006；Spence，et al.，2014；Emmons & Stern，2013）。与此相对比，中国的感恩思想蕴含在强调人际互惠的儒家文化中，在此影响下，施恩者与受恩者之间具有互惠关系。即施恩者预期对方会感恩并在将来回报自己，而实际上受惠者确实会感恩并且会努力报答施恩者（樊景立，郑伯埙，2000；Cheng，et al.，2004）。因此，在深受儒家文化影响的东方情境中，感恩的内涵不仅包含受惠者对恩情的认知和感激，更加强调对施恩者的报答（樊景立，郑伯埙，2000；蒲清平，朱丽萍，2012）。也就是说，"感恩图报"比"感恩"更加精准地诠释出儒家文化中的感恩思想。综合国内外学者的研究成果，本书认为感恩图报（gratitude-repayment）是受惠者感知到恩惠后内心产生感激而设法报答施恩者的积极情绪。

依据社会交换理论和儒家"感恩与报恩"的互惠规范，本书认为 FSSB 能够激发中国员工对上司的感恩图报。尽管在西方的文化情境中，施恩与受惠双方并不是互惠的社会交换关系，但人们内心的感激之情却往往受到人际互惠关系的影响（Algoe & Stanton，2012；Tsang，2006；Spence，et al.，2014），这与社会交换理论的观点一致。社会交换理论认为只有社会交换才能引起个人的感激之情，而纯粹的经济交换则不能（Blau，1964）。其原因是，经济交换是通过正式契约明确规定双方应履行的义务，具有强制性，所以个人将获得的经济利益视为应得的，内心也就不会产生感激之情（Blau，1964）；而社会交换则属于未加规定的义务，不具有强制性，因而受益方认为自己所获得的关心、理解和尊重等社会情感资源并非是理所当然的，从而产生感激之情（Blau，1964；Shore，Tetrick，& Lynch，et al.，2006）。由于上司的工作职责范围内并没有规定其有展示 FSSB 的义务（Straub，2012），因此，当上司真诚地关心员工的家庭生活并帮助员工解决工作与家庭生活的竞争性需求时，不仅为员工提供了建立社会交换的诱因（Bagger & Li，2014），而且也为员工创造出一种恩惠的情境。樊景立和郑伯埙（2000）在定性研究中推断，当上司给予下属关心和支持时，"感恩和报恩"的互惠规范会激发下属对上司产生感恩图报。随后，Cheng 等（2004）通过实证研究发现，在华人企业中，上司的仁慈行为与下属的感恩图报显著正相关。基于此，本书提出以下假设：

假设 2：FSSB 将正向影响感恩图报。

进一步地，樊景立和郑伯埙（2000）通过定性分析认为，下属的感恩图报在工作场所中的具体体现就是勤奋工作、表现敬业和符合期望以报答上司的恩情。同时，学者们通过实验法发现，状态感恩有助于提升并维持积极情绪（Emmons & McCullough，2003；喻承甫等，2010）、提高睡眠时数和早晨起床后精神恢复的程度（Emmons & McCullough，2003），而员工身心健康、头脑清醒、情绪高涨正是员工可以全情投入工作的能量之源（Kahn，1990）。社会交换理论认为，感激之情是联系"给予"与"报答"的纽带（Blau，1964），这与儒家思想中强调的以"感恩与报恩"为核心理念的互惠规范不谋而合。为此，华人学者们主张，在华人组织中，上司和下属之间的互惠很可能就产生于下属对上司发自内心的感恩图报（樊景立，郑伯埙，2000；Yang，1957）。按此逻辑推理，当上司善意地执行FSSB帮助下属平衡好工作和家庭角色时，下属会情不自禁地产生感激并意欲回报的积极情绪，这种积极情绪会进一步激发下属通过全身心投入工作来报答上司给予的恩惠。综上所述，本书提出假设：

假设3：感恩图报会中介FSSB对员工工作敬业度的影响。

5.2.3 权力距离倾向的调节作用

权力距离（power distance）是一种重要的文化价值观维度，最早被置于国家文化层次上进行研究，指的是一个国家或社会可以接受权力分配不平等的程度（Hofstede，1980）。随后，学者们发现即使在同一种社会文化下，不同个体也会具有不同的权力距离倾向（power distance orientation）（Dorfman & Howell，1988；Clugston，Howell，& Dorfman，2000）。近年来，个体的权力距离倾向已得到越来越多学者的广泛关注（李锐等，2015；Daniels & Greguras，2014；Kirkman，Chen，& Farh，et al.，2009）。作为一种个体的文化价值观，权力距离倾向被定义为个体对于社会、组织或团体中不同层级之间权力分配不平等的接受程度（Clugston，et al.，2000）。个体的权力距离倾向越低，对权力分配的不平等越具有反抗精神；而权力距离倾向越高，就越能够接受权力分配的不平等（Clugston，et al.，2000；Daniels & Greguras，2014）。

在上述定义的基础上，现有研究发现权力距离倾向的高低不仅会影响个体对权威者的反应，也会影响个体与权威者的互动方式（张燕，怀明云，2012；Kirkman，et al.，2009；Tyler，Lind，& Huo，2000）。具体来讲，在组织中，低权力距离倾向的员工认为上司和下属的社会地位是平等的，只是社会角色和工作职责不同而已（Clugston, et al., 2000; Tyler, et al., 2000）。于是，他们将上司视为可以接近的，在意并关注上司是否以平等和尊重的方式对待自己，期望与上司进行融洽的人际互动，并建立平等互惠的社会交换关系（李锐等，2015；Farh, Hackett, & Liang, 2007）。因此，这类员工更加渴望亲民式的领导行为。与此相对比，高权力距离倾向的员工崇尚权力，认为上司是威权的象征，具有清晰的上下级观念。他们在自身处于下位者角色认知的驱动下，对居于上位者的上司充满了服从和敬畏（Clugston, et al., 2000; Farh, et al., 2007）。这类员工习惯于遵从上司发号的施令并遵照执行的工作模式，愿意和上司建立仅限于工作角色内正式的上下级关系，而不是平等互惠的关系（Farh, et al., 2007），所以，他们更加适应威权式的领导行为。

基于社会交换理论，当一方给予的资源正是对方所需要和重视的资源时，就更易激发对方的感激之情（Blau, 1964）。同时，以 Algoe 为代表的感恩学者们也认为，当一方能够根据对方的需求和偏好给予恩惠时，接收方就会产生更多的感恩情绪（Algoe & Stanton, 2012; Algoe & Way, 2014）。FSSB 是上司在上下级关系平等的基础上对员工履行家庭责任的尊重和关心（Straub, 2012; Hammeret, et al., 2009），这正是权力距离倾向较低的员工所期望的亲民领导行为。即员工的权力距离倾向越低，就越发认为 FSSB 是珍贵的资源，从而在更大程度上增加其对上司的感恩图报。相反，员工的权力距离倾向越高，越不会在意和重视 FSSB 这种角色外的亲民领导行为，从而大大减弱 FSSB 对感恩图报正向影响的强度。另外，已有研究可以为上述推论提供间接支持，例如，郑晓明和刘鑫（2016）发现员工的权力距离倾向负向调节了员工与领导的互动公平感对员工心理授权感的积极影响；陈彦君、沈其泰（2015）的研究结果显示员工的权力距离倾向负向调节了真诚领导与主管认同感的正向关系。基于上述推理，本书提出假设：

假设 4：员工的权力距离倾向会调节 FSSB 与感恩图报之间的关系。员工的权力距离倾向越低，FSSB 与感恩图报的正向关系越强。

在假设3、假设4的基础上，本书推论FSSB与工作敬业度的间接关系很有可能也受到员工权力距离倾向的调节。即员工的感恩图报在FSSB与工作敬业度之间具有中介作用，而员工权力距离倾向的高低决定着该中介效应的强弱。权力距离倾向低的员工渴望与上司在平等互惠的社会交换关系中进行互动，故这类员工在工作中的态度和行为受到上下级社会交换关系品质的影响较大（Farh，et al.，2007；陈彦君，沈其泰，2015）。即相对于权力距离倾向高的员工，权力距离倾向低的员工更多地依据平等互惠中的回报规范来决定自身在工作中的敬业程度。而对于高权力距离倾向的员工而言，他们并不重视与上司关系的对等与互惠性，反而更愿意和上司保持等级分明的上下级关系（Farh，et al.，2007；陈彦君，沈其泰，2015）。也就是说，这类员工之所以敬业，更多的是因为对上司的敬畏和顺从，而不是互惠规范。因此，员工的权力距离倾向越低，FSSB对感恩图报的影响越强，进而对工作敬业度的影响越强。综上所述，本书提出以下假设：

假设5：员工的权力距离倾向会调节感恩图报在FSSB和工作敬业度之间所起的中介作用。员工的权力距离倾向越低，感恩图报在FSSB与工作敬业度之间所起的中介效应越强。

5.3 研究方法

5.3.1 研究样本与数据收集

由于与第3章的研究来自同一数据源，本章数据收集的细节不再赘述，详见第3章的"研究样本与数据收集"。第一时间阶段要求被试填写个人基本信息、FSSB与上司的工作支持，间隔3个月后的第二时间阶段要求被试填写感恩图报、权力距离倾向与工作敬业度。第一时间阶段共发放395份问卷，回收后对空白较多和反应倾向过于一致的问卷予以剔除，共获得358份有效问卷。第二时间阶段共发放358份问卷，共收回305份能够与第一时间阶段调查准确匹配的问卷，剔除无效问卷后，最终获得有效问卷

277份，问卷有效回收率为70.13%。在有效的样本中，男性占56.2%，88.1%的员工获得大专及以上学历，平均工作年限为6.34年（标准差为5.6）；在年龄分布方面，25岁以下的占15.2%、25~35岁的占65%、35~45岁的占16.6%、45岁以上的占3.2%；在家庭责任方面，54.9%的员工没有小孩，2.2%的员工有18周岁（含18周岁）以上的小孩，43%的员工有18周岁以下的小孩。（详见附录"三、第五章调查问卷"）

5.3.2 测量工具

本书使用的成熟量表除感恩图报量表外，其他均开发于西方语言情境，因而研究者在调研前对感恩图报以外的量表进行了翻译和回译的过程（Brislin，1986）。具体来说，研究者首先将英文量表翻译成中文，之后邀请另外一名组织行为学研究方向的双语教授将翻译好的中文量表回译成英文。接着，两人对回译后的英文量表与英文初始量表进行对比，对差异部分进行修改，以最终确定中文量表的翻译内容。研究中涉及的所有变量均采用Likert 6点制量表计分（1=非常不符，4=有点相符，6=非常相符），以抑制中国人倾向于选择中间数值的偏好（Cheng, et al., 2004）。具体各个变量的测量如下所述。

FSSB。与第3章所使用的量表相同，在本章的研究中，该量表的Cronbach's α 系数为0.92。

感恩图报。本书运用Cheng等（2004）开发的感恩图报量表。该量表有6个题项，如"我感激上司对我的友善"。本书中，该量表的Cronbach's α 系数为0.87。

权力距离倾向。本书采用Dorfman和Howell（1988）开发的测量个人权力距离的量表。该量表有6个题项，如"上司应该避免与下属有工作之外的交往"。该量表在本书中的Cronbach's α 系数为0.74。

员工工作敬业度。采用的测量方式与第3章相同，在本章的研究中，该量表的Cronbach's α 系数为0.94。

控制变量。由于上司的工作支持是影响员工工作敬业度（Nahrgang, et

al.，2011)的重要工作资源，故本书需要对上司的工作支持进行控制。上司工作支持的测量沿用 Rhoades 等(2002)在其研究中使用的 3 个题项量表，代表题项为"上司为我的工作业绩感到骄傲"，该量表在本书中的 Cronbach's α 系数为 0.89。此外，根据以往文献(Odle-Dusseau, et al., 2012; Matthews, et al., 2014)，本书还控制了员工的家庭责任和一些人口学特征，包括性别、年龄和教育程度。

5.3.3 统计分析方法

本书运用 SPSS 20.0 进行描述性统计分析、信度检验和层级回归，运用 AMOS 17.0 进行验证性因子分析。此外，本书运用 SPSS PROCESS 宏程序检验中介效应、调节效应以及被调节的中介效应。Hayes 教授在 2013 年正式开发了 SPSS PROCESS 宏程序，其能够分析中介效应、调节效应以及中介与调节的组合效应(Hayes, 2013)。因此，该程序的功能覆盖面远远超过了类似工具如 SPSS INDIRECT。随后，Hayes(2015)通过科学的推导过程提出了系数乘积等相关运算方法，为检验被调节的中介效应模型提供了更为严谨的判定指标。这一统计分析方法近年来已逐渐得到学者们的广泛重视和接受，同时已被证实比 Preacher 的亚分组法、Edwards 的差异分析法具有明显的优势(陈笃升，王重鸣，2015)。本书中的 Bootstrapping 分析采用 20000 次重复抽样，设定 95%偏差校正置信区间(CI)。当置信区间的上下限之间不包含零时，表明所检验的效应是显著的。

5.4 研究结果

5.4.1 验证性因子分析

本书采用验证性因子分析考察 FSSB、上司工作支持、感恩图报、权力距离倾向与员工工作敬业度的区分效度，以确定这五个构念是不同的变量。由于变量的测量题项较多，本书运用打包(packing)的方法进行处理数据。参照 Hammer 等(2009),将 FSSB 按照情感支持、工具支持、创新管理和角色模范 4 个子维度进行打包。参照 Schaufeli 等(2002),将员工工作敬业度按照活力、奉献和专注 3 个子维度进行打包。感恩图报和权力距离倾向于按照吴艳和温忠麟(2011)的随机法进行打包,即按照一个奇数题项配一个偶数题项,将权力距离倾向和感恩图报分别打成 3 个数据包。结果如表 5-1 所示,五因子模型的合效果良好(χ^2 = 247.69;df = 94;χ^2/df = 2.64;CFI = 0.96;TLI = 0.94;RMSEA = 0.077),并且明显优于其他模型,如四因子模型(将权力距离倾向和感恩图报进行合并,χ^2 = 425.40;df = 98;χ^2/df = 4.34;CFI = 0.91;TLI = 0.88;RMSEA = 0.110),这表明本书中的五个构念具有良好的区分效度。

表 5-1 验证性因子分析结果(N = 277)

模型	χ^2	df	χ^2/df	CFI	TLI	RMSEA
零模型	3568.26	120				
五因子模型	247.69	94	2.64	0.96	0.94	0.077
四因子模型	425.40	98	4.34	0.91	0.88	0.110
三因子模型	473.18	101	4.69	0.89	0.87	0.116
二因子模型	660.37	103	6.41	0.84	0.81	0.140
单因子模型	949.08	104	9.13	0.76	0.72	0.172

注:五因子模型:FSSB,工作支持,权力距离倾向,感恩图报,员工工作敬业度;
四因子模型:FSSB,工作支持,权力距离倾向+感恩图报,员工工作敬业度;
三因子模型:FSSB+工作支持,权力距离倾向+感恩图报,员工工作敬业度;
二因子模型:FSSB+工作支持+权力距离倾向+感恩图报,员工工作敬业度;
单因子模型:FSSB+工作支持+权力距离倾向+感恩图报+员工工作敬业度。

5.4.2 共同方法偏差检验

本次调研涉及的变量均由员工进行评价,因此可能存在共同方法偏差问题。为了避免这种由测量方法而非构念本身所产生的变异对研究结论造成的严重影响,本书采用两阶段问卷调查和匿名填答问卷等方法,这在一定程度上可以降低共同方法偏差的影响(Podsakoff, et al., 2003)。此外,运用"Harman 单因子检验法"和"控制非可测潜在方法因子法"检验共同方法偏差。首先,Harman 单因子检验结果显示,首因子解释的变异量为 24.7%,小于总变异量(69.67%)的一半(周浩,龙立荣,2004)。其次,控制非可测潜在方法因子的检验结果如表 5-2 所示。从表 5-2 可知,控制前后模型的合指数 CFI、TLI、RMSEA 的变化值均在 0.02 以下,说明控制后模型并不显著优于控制前模型(Dulac, et al., 2008)。综上分析,可以判定本书不存在严重的共同方法偏差问题。

表 5-2 共同方法偏差检验结果($N=277$)

模型	χ^2	df	χ^2/df	CFI	TLI	RMSEA
控制前	247.69	94	2.64	0.96	0.94	0.077
控制后	152.79	78	1.96	0.97	0.95	0.066

5.4.3 描述性统计结果

本书中各变量的平均数、标准差和相关系数如表 5-3 所示。在表 5-3 中,变量 1~7 为第一时间阶段测量,变量 8~10 为间隔 3 个月后的第二时间阶段测量。从表 5-3 中可见,FSSB 与员工工作敬业度($r=0.43$,$p<0.01$)和员工的感恩图报($r=0.31$,$p<0.01$)均存在显著的正相关关系。员工的感恩图报与员工工作敬业度也具有显著的正相关关系($r=0.33$,$p<0.01$),这为研究假设提供了初步支持。同时,上司的工作支持与员工工作敬业度($r=0.42$,$p<0.01$)和员工的感恩图报($r=0.39$,$p<0.01$)也存在显著的正相关关系,这说明本书将上司的工作支持作为控制变量是必要的。此外,在年龄与组织任期之间,本书只选择年龄作为控制变量,以避

表 5-3 描述性统计分析结果（N=277）

变量名称	M	SD	1	2	3	4	5	6	7	8	9
1 性别	0.41	0.49									
2 年龄	2.08	0.67	−0.01								
3 组织任期	6.34	5.60	−0.05	0.55**							
4 受教育程度	2.62	0.81	0.07	0.08	−0.04						
5 家庭责任	1.88	0.98	0.00	0.45**	0.48**	−0.17**					
6 工作支持	4.14	1.15	−0.08	−0.05	−0.12	−0.14*	−0.13*				
7 FSSB	4.19	1.00	−0.08	−0.05	−0.13*	−0.19**	−0.06	0.53**			
8 感恩图报	4.26	1.10	−0.10	−0.03	−0.10	−0.05	−0.09	0.39**	0.31**		
9 权力距离倾向	3.14	0.91	0.04	0.29	0.08	0.02	0.11	−0.18**	−0.14**	−0.09	
10 员工工作敬业度	4.27	0.99	0.01	−0.01	−0.08	−0.19**	0.06	0.42**	0.43**	0.33**	−0.02

注：性别，0 为男性，1 为女性；年龄，1 为 25 岁以下，2 为 25~35 岁，3 为 35~45 岁，4 为 45 岁以上；受教育程度，1 为高中及以下，2 为专科，3 为本科，4 为研究生及以上；家庭责任，1 为没有小孩，2 为有大于或等于 18 周岁的小孩，3 为有小于 18 周岁的小孩；*. 表示 $p<0.05$，**. 表示 $p<0.01$。

免多重共线性的潜在影响。

5.4.4 假设检验

为了检验感恩图报在FSSB与员工工作敬业度之间所起的中介作用以及权力距离倾向在FSSB与感恩图报之间所起的调节作用,本书采用SPSS 20.0进行层级线性回归假设检验,具体的回归结果见表5-4。

表5-4 层级线性回归分析结果($N=277$)

变量名称	感恩图报			员工工作敬业度		
	模型1	模型2	模型3	模型4	模型5	模型6
截距项	4.32***	4.32***	4.31***	4.24***	4.24***	4.22***
性别	-0.12	-0.11	-0.12	0.12	0.13	0.15*
年龄	-0.04	-0.01	-0.03	-0.09	-0.07	-0.06
受教育程度	0.04	0.06	0.05	-0.07	-0.05	-0.06
家庭责任	0.01	-0.01	-0.01	0.18**	0.15**	0.15**
工作支持	0.31***	0.27***	0.28***	0.35***	0.32***	0.20**
FSSB		0.22***	0.19**		0.26***	0.18**
权力距离倾向		0.02	0.05		0.10*	0.09*
FSSB×权力距离倾向			-0.11*			
感恩图报						0.27***
R^2	0.35	0.38	0.40	0.43	0.48	0.52
ΔR^2		0.03**	0.02*		0.05***	0.04***

注:*.表示$p<0.05$,**.表示$p<0.01$,***.表示$p<0.001$。

假设 1 的检验。假设 1 提出 FSSB 将正向影响员工工作敬业度。由表 5-4 中的模型 5 可知，控制了相关变量之后，FSSB 与员工工作敬业度之间存在显著的正向关系（$\beta=0.26$，$p<0.001$），假设 1 获得了数据的支持。

假设 2 的检验。假设 2 提出 FSSB 将正向影响感恩图报。由表 5-4 中的模型 2 可知，对相关变量进行控制之后，FSSB 对感恩图报具有显著的正向影响（$\beta=0.22$，$p<0.001$），假设 2 得到了数据的验证。

假设 3 的检验。假设 3 提出 FSSB 通过感恩图报的中介作用影响员工工作敬业度。在假设 1 和假设 2 得以验证的基础上，从表 5-4 中的模型 6 中可以看出，当感恩图报进入模型之后，感恩图报对员工工作敬业度存在显著的正向影响（$\beta=0.27$，$p<0.001$），而 FSSB 对员工工作敬业度的影响虽仍然显著，但其显著程度及影响系数均较感恩图报进入模型之前有所降低（$\beta=0.18$，$p<0.01$）。上述结果表明感恩图报部分中介了 FSSB 对员工工作敬业度的影响。为了进一步检验中介效应，本书运用 SPSS PROCESS 宏程序，将样本重新抽样设定为 20000 次进行 Bootstrapping 分析，运行结果显示 FSSB 通过感恩图报对员工工作敬业度的中介效应成立（中介效应＝0.06，95%置信区间＝[0.03，0.13]，置信区间不包括零）。根据上述分析，假设 3 得以验证。

假设 4 的检验。假设 4 提出员工的权力距离倾向会调节 FSSB 与员工工作敬业度之间的关系。从表 5-4 中的模型 3 中可以看出，FSSB 与权力距离倾向的交互项对感恩图报具有显著的负向影响（$\beta=-0.11$，$p<0.05$）。根据 Aiken 和 West（1991）的简单斜率调节检验方法，本书绘制了上述调节的效应图。如图 5-2 所示，对于权力距离倾向较低的员工，FSSB 对感恩图报具有显著的正向影响（simple slope＝0.31，$t=2.78$，$p<0.01$）；对于权力距离较高的员工，FSSB 对感恩图报的影响相对较弱，并且不具有显著性（simple slope＝0.08，$t=0.76$，n.s.）。因此，假设 4 得以验证。

假设 5 的检验。假设 5 提出感恩图报在 FSSB 与员工工作敬业度之间的中介作用受到权力距离倾向的调节。本书通过 SPSS PROCESS 宏程序检验被调节的中介效应，具体结果如表 5-5 所示。在表 5-5 的条件间接效应

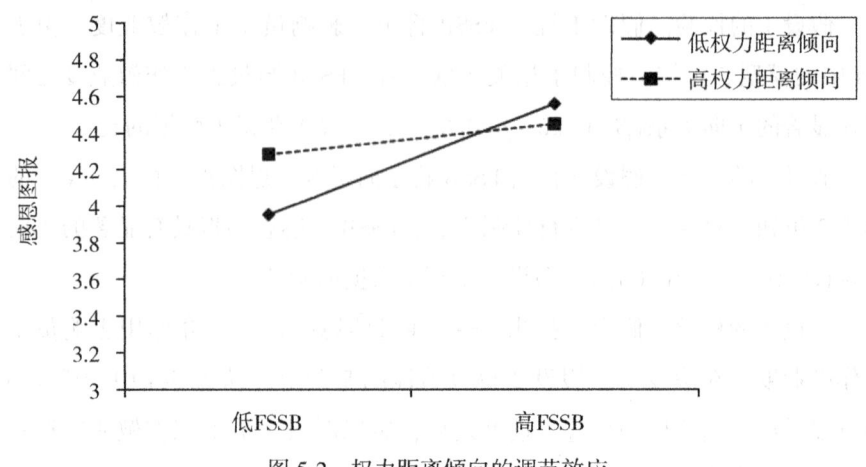

图 5-2 权力距离倾向的调节效应

中,当权力距离倾向减少一个标准差时,FSSB 通过感恩图报影响员工工作敬业度的间接效应为 0.09(95% 置信区间 = [0.05,0.16]),置信区间不包括零,这表明权力距离倾向较低时其间接效应显著。当权力距离倾向增加一个标准差时,FSSB 通过感恩图报影响员工工作敬业度的间接效应为 0.04(95% 置信区间 = [-0.01,0.10]),置信区间包括零,这表明权力距离倾向较高时其间接效应不显著。同时,表 5-5 中显示被调节的中介效应的 INDEX 判断指标值为 -0.03(95% 置信区间 = [-0.05,-0.01]),置信区间不包括零。以上分析表明,权力距离倾向可以调节感恩图报在 FSSB 和员工工作敬业度所起的中介作用,假设 5 获得了验证。

表 5-5 被调节的中介效应分析结果

调节变量	条件间接效应				被调节的中介效应			
	效应值	标准误	下限	上限	INDEX	标准误	下限	上限
低值	0.09	0.03	0.05	0.16	-0.03	0.01	-0.05	-0.01
高值	0.04	0.03	-0.01	0.10				

5.5 结果讨论

在研究一中,研究者基于资源-获取-发展理论验证了 FSSB 与员工工作敬业度呈现显著正相关,并且证实了双向工作-家庭增益可以部分中介 FSSB 与员工工作敬业度的正向关系。在本书中,研究者将西方的社会交换理论与中国特殊的文化情境结合起来,通过构建并检验一个被调节的中介效应理论模型,从而解释了 FSSB 在中国文化情境下为何、如何以及何时影响员工工作敬业度。实证结果显示,控制了上司的工作支持后,FSSB 对员工工作敬业度具有显著的正向影响;感恩图报部分中介了 FSSB 对员工工作敬业度的影响作用;员工的权力距离倾向不仅会负向调节 FSSB 与感恩图报的正向关系,也会负向调节感恩图报在 FSSB 和员工工作敬业度之间所起的中介作用。

5.5.1 理论意义

本书具有四点理论贡献。

首先,本书丰富了员工工作敬业度的理论研究。大量的研究已经显示上司对员工工作领域内的支持是提升员工工作敬业度的重要资源(Carasco-Saul, et al., 2015),但鲜有研究关注上司对员工家庭生活的支持与员工工作敬业度的关系。与此同时,以往研究主要是依据工作要求-资源模型来阐述员工工作敬业度的形成机理(Nahrgang, et al., 2011),以社会交换理论对其解释的定量研究较为稀少(Meng & Wu, 2015;杨红明,廖建桥,2009)。鉴于 FSSB 可以作为领导与员工建立社会交换的诱因(Bagger & Li, 2014),本书基于社会交换理论,在控制了上司对员工的工作支持后,发现上司对员工的家庭支持是提升员工工作敬业度的又一重要资源。这一研究结论不仅拓展了现有研究的关注点,将上司的领导力从工作域延伸至生活域,同时,在上一章研究的基础上进一步丰富了员工工作敬业度的形成机理。

其次,本书不仅揭示了 FSSB 在中国文化情境下影响员工工作敬业度的中介机制,而且在一定程度上验证并发展了社会交换理论。一方面,大量定性研究认为中国员工对上司的感恩图报很可能是上下级之间进行互惠的驱动力(樊景立,郑伯埙,2000),但对其却缺少实证检验。另一方面,尽管 Blau(1964)强调感激之情是人们进行社会交换的纽带,然而,目前以社会交换理论解释领导与员工进行社会交换的定量研究中,大多以员工对领导-成员交换(leader-member exchange)的认知评价作为中介变量(e. g., Bagger & Li, 2014; Little, Janaki, & Michele, 2016; Meng & Wu, 2015),而忽视了员工在此过程中的情绪反应(Bartlett & DeSteno, 2006)。综合上述两方面因素,本书以社会交换理论为主体,并结合儒家的"感恩与报恩"互惠规范,将感恩图报的情绪反应操作为上司与下属进行社会交换的中介变量。研究结果清晰地显示,感恩图报是一种有效的中介传导机制,将 FSSB 的积极影响传递至员工工作敬业度。此研究打开了在中国文化情境下 FSSB 与员工工作敬业度之间的"黑箱",有力地回应了在本土文化脉络中寻找"释意系统"的呼吁(杨中芳,2014),同时,也验证了社会交换理论与特定的文化情境可以适配并交融,从而对社会交换理论做出了贡献。

再次,本书丰富了感恩图报的本土化研究。尽管 Cheng 等(2004)已经开发了感恩图报的量表,但并未将感恩图报的构念与西方的感恩构念进行对比。为此,本书通过对国内外感恩文献的梳理,比较了中西方感恩思想的文化差异性,从而认为感恩图报的构念比单纯的感恩构念更能代表深受儒家文化影响的感恩思想。在此基础上,本书指出感恩图报不仅比感恩更加强调回报,而且回报的对象也更加具有针对性,进而推理出感恩图报与西方的社会交换理论可以和谐地交融。研究结果验证了这一构想,结果表明西方文化情境下提出的 FSSB 构念与儒家文化中的感恩图报显著正相关,感恩图报与员工工作敬业度也呈现显著正相关。此外,Cheng 等(2004)在实证研究中发现仁慈领导能够显著地提升员工的感恩图报,但仁慈领导发生在上下级关系不对等的条件下(Cheng, et al., 2004),促使员工产生的是建立在不平等互惠关系上的感恩图报;而 FSSB 则建立在上司和下属之间关系平等的基础上(Straub, 2012),激发员工产生的则是基于上下级平等互惠关系上的感恩图报。因此,本书在 Cheng 等(2004)的基础上,强化了感恩图报的本土化研究,拓展了感恩图报的前因和结果的研究。

最后,本书从文化价值观的视角拓展了 FSSB 发挥效能的边界条件。目前关于 FSSB 的研究基本上都是在西方的文化情境中进行(e.g., Hammer, et al., 2011; Bagger & Li, 2014; Rofcanin, et al., 2016)的,由此形成的理论能否应用于中国文化情境尚需考察。同时,尽管现有文献已关注到员工照顾家庭的责任(Matthews, et al., 2014)、员工对关心的需求(Russo, et al., 2015)等个体差异会调节 FSSB 的影响效果,但却忽视了探究个体文化价值观可能存在的调节作用。鉴于权力距离倾向是个体文化价值观的重要维度(Dorfman & Howell, 1988),本书系统地分析并检验了员工的权力距离倾向在 FSSB-感恩图报-员工工作敬业度这一中介过程中所起的调节作用。实证结果显示,员工的权力距离倾向负向调节了 FSSB 与感恩图报之间的关系,以及 FSSB 通过感恩图报进而影响员工工作敬业度的整个中介机制。这一研究结论表明,从文化价值观的视角来探索 FSSB 影响效果的个体差异是非常有意义的,可以进一步厘清 FSSB 在特定文化情境下的权变性和适应性,从而在一定程度上丰富了 FSSB 理论跨文化的研究。

5.5.2 管理启示

本书对企业管理实践具有三点重要启示。首先,研究表明,除了上司角色内的工作支持,角色外的 FSSB 亦是促进上司与下属建立社会交换的重要资源,上下级之间一旦进行社会交换,下属就会自发地提高在工作中的敬业程度作为对上司的回报。因此,企业除了应通过相关的培训课程提高管理者执行 FSSB 的能力,还需提供给管理者相应的资源,帮助管理者创建更加友好的家庭支持环境,从而促使管理者和员工建立以尊重、理解和共情等社会情感资源为基础的长期社会交换,最终有利于整个组织获得持久的竞争优势。其次,在中国情境下,FSSB 是通过员工的感恩图报对员工工作敬业度产生影响的。这表明尽管管理者对员工提供家庭支持预期是要得到回报的,但管理者并不能提醒下属应该回报,而应做到"施恩勿念"。只有这样,员工才能"受恩莫忘",才能对上司产生真挚的感激并意欲报答之情。最后,本书发现,权力距离倾向较低的员工对 FSSB 更加敏感。因此,FSSB 对于管理追求平等、漠视权威的新生代员工具有重要的实践意义。管理者应给予这类员工更多的人性化关怀,关心他们的生活需求,帮助他们有效地平衡工作与家庭生活的责任,用真心和真情去激发他们建立在人格平等基础上的感恩图报,从而最大程度上提升他们的员工工作敬业度。

5.5.3 研究局限和展望

本书也存在一定的局限性。首先,本书所采用的问卷调查方法无法验证变量之间的因果关系。尽管研究者采用了两个时点收集数据,这可以在一定程度上反映因果关系,并能有效降低共同方法偏差的干扰(Podsakoff, et al., 2003),但后续研究可以通过实验的方法,提高研究结果的内部效度,从而建立变量之间的因果关系。其次,本书关注的是 FSSB 整体构念。尽管现有文献也采用一致的做法(e.g., Matthews, et al., 2014; Odle-Dusseau, et al., 2012; Rofcanin, et al., 2016),但 FSSB 包含了情感支持、工具支持、创新管理和角色模范四个维度。为了进一步拓展 FSSB 与员工工作敬业度之间的关系,未来研究可以比较这四个维度与员工工作敬业度之间关系的强弱,并分维度讨论它们是否会通过不同的作用机制影响员工工作敬业度。最后,本书仅探讨了权力距离倾向这一个文化价值观的调节效应。为了推动 FSSB 理论的跨文化研究,未来研究可以探讨其他代表中国传统文化的价值观变量(如中庸思维、传统性和集体主义)对 FSSB 影响效果的调节作用。

5.6 本章小结

上一章基于资源-获取-发展理论,发现员工对工作→家庭增益和家庭→工作增益的认知判断在 FSSB 与员工工作敬业度之间的关系中起着部分中介作用。在此基础上，本章考察了中国本土文化中的特殊情感——感恩图报在 FSSB 与员工工作敬业度之间所发挥的中介作用，以及中国员工的文化价值观——权力距离倾向的调节效应。通过两阶段问卷调查方式，搜集到了来自国内 17 家企业的 277 名普通员工样本。控制了上司对员工的工作支持后，本章取得了以下研究结论：

第一，FSSB 对感恩图报具有显著的积极影响，感恩图报在 FSSB 与员工工作敬业度的关系中起着部分中介作用；

第二，员工的权力距离倾向对 FSSB 与感恩图报之间的关系具有调节作用。员工的权力距离倾向越低，FSSB 对感恩图报的正向影响越强；

第三，员工的权力距离倾向调节了感恩图报在 FSSB 与员工工作敬业度之间所起的中介效应。员工的权力距离倾向越低，该中介效应越强。

第6章　FSSB及其差异对工作敬业度的多层次作用机制

6.1　问题的提出

本书的第3章和第4章分别基于不同的理论视角，探究了个体层次中FSSB对员工工作敬业度的影响及其不同的作用机制。但随着全球经济一体化进程的加快，具有迅速反应特征的团队工作模式已成为组织应对竞争的重要手段(张艳清等, 2015; Torrente, et al., 2012)。然而，现有研究仅探讨了FSSB在员工个体层次中的作用效果(Williams, et al., 2016)，却忽视了探究FSSB对整个团队的影响。更为重要的是，在多层次理论(multilevel theory)的推动下，学者们已经发现在团队情境中，上司行为对团队成员的影响是一个多层面和跨层面的作用过程，而不仅仅是单一层面的作用过程(Wu, Tsui, & Kinicki, 2010; Li, He, & Yam, et al., 2015; Liao, Liu, & Loi, 2010)。在此背景下，探讨上司在团队情境中执行FSSB的过程及其影响效果，不仅可以丰富FSSB的多层面研究体系，也是指导FSSB应用于团队情境的迫切需要。

根据西方的领导-成员交换(leader-member exchange, LMX)理论，团队的领导者会以差异化的方式对待下属成员，并与不同的下属成员建立不同等级的交换关系(Dienesch & Liden, 1986; Liao, et al., 2010)。进一步地，领导者会给予 LMX 关系好的下属成员更多的信任、关心和支持(Graen & Uhl-Bien, 1995; Hooper & Martin, 2008)。相较于西方情境，在中国社会和组织中，"圈内—圈外""自己人—外人"的差别对待现象更加普遍地存在(杨国枢, 1992; 郑伯埙, 1991)。郑伯埙(1995, 2004)将中国的圈子现象和差序格局应用于领导研究，提出差序式领导的概念，并认为华人组织中的差序式领导会根据"亲"(下属与自己关系的亲疏)、"忠"(下属对自己忠诚度的高低)和"才"(下属才能的优劣程度)三个归类标准，将下属划分为"自己人"和"外人"后进行差别对待。在资源有限的情况下，领导者会给予"自己人"更多的经济资源和社会情感资源(孙立平, 1996; 郑伯埙, 1995, 2004)。

无论是西方的 LMX 理论，还是中国的差序式领导理论，都清晰地表明，团队上司在实践中对待下属成员会采取差异化的领导行为(Wu, et al., 2010; 姜定宇, 张菀真, 2010)。FSSB 属于上司的角色外行为(Straub, 2012)，这表明上司对于执行 FSSB 具有较大的弹性和自主性。不仅如此，FSSB 本身就是满足不同员工个性化需求的领导行为(Hammer, et al., 2009; 马红宇等, 2016)。因此，在资源稀缺性的约束条件下，团队上司自然会对那些 LMX 关系好的、被归属于"自己人"的或者照顾家庭责任重的下属成员给予更多的家庭支持资源，从而导致整个团队的成员对 FSSB 的感知存在差异性。然而，纵观 FSSB 领域的研究成果，现有文献仅探讨了个体层次中 FSSB 对员工产生的积极影响(Straub, 2012; 马红宇等, 2016)，却忽视了关注团队层次中成员对 FSSB 感知存在差异性的潜在影响。此外，尽管差异化的领导行为在组织中普遍存在，但其相关理论研究却较为缺乏(Zhang, Li, & Ullrich, et al., 2015; 张艳清等, 2015)，并且还存在相互冲突的理论观点。基于情境领导理论(situational leadership theory)，有效的领导对待员工并非是一视同仁，而是应该根据下属的才能或其他个体特征因人而异、因材施教(Fiedler, 1967; Dansereau, Graen, & Haga, 1975)。而与此相悖的公平理论(justice theory)则认为，有效的领导对待下属成员应该一视同仁，注重公平性，否则会因为领导者的不公平对待而给下属以及团队带来负面的影响效果(Wu, et al., 2010; Hooper & Martin, 2008)。也就是说,差异化的领导行为到底会对员工个体和团队整体产生怎样的影响,仍然是学术界悬而未决的重要难题(Nielsen & Daniels, 2012; Zhang, et al., 2015)。

有鉴于此,本书将差异化领导理论运用到 FSSB 的研究领域,首次提出 FSSB 差异的构念。根据离散模式(dispersion models)(Chan, 1998),团队内部成员在感知 FSSB 中的变异程度属于团队层次的构念。随着多层次理论在组织研究中的兴起,学者们发现员工在组织情境下的态度和行为会受到个体、群体、组织甚至社会等多个层次的多种因素的影响(Klein & Kozlowski, 2000; Kozlowski & Klein, 2000),因而组织研究者开始重视这些情境变量对所研究现象的影响(张志学,2010;张志学,鞠冬,马力,2014)。团队层次中领导行为的差异化正是领导行为影响员工心理与行为的重要情境变量(Li, et al., 2015; Liao, et al., 2010),但目前鲜有实证研究对此进行考察。因此,本书的首个研究目的就是基于公平理论,同时根据本书第3章与第4章的研究成果,探讨 FSSB 差异作为情境变量是否会在成员个体感知的 FSSB 与员工工作敬业度之间的关系中发挥跨层次的调节作用。首先,在团队工作方式中,成员之间需要通过密切合作与频繁沟通才能最终实现团队目标(Kozlowski & Bell, 2003),这使得成员倾向于认为平均地分配资源更符合公平性(Colquitt & Jackson, 2006)。其次,FSSB 属于社会情感资源,由于每位成员都有被关心和被尊重的需求,因而上司平等地分配该项资源会更公平(Martin & Hard, 1994)。最后,中国传统文化中一向强调的集体主义使得中国员工普遍具有"不患寡,而患不均"的分配理念(Li, et al., 2015)。因此,本书推断较高程度的 FSSB 差异可能会让成员感知到不公平,从而抑制了 FSSB 对员工工作敬业度的积极影响。

此外,本书将进一步探讨 FSSB 差异对团队工作敬业度(team work engagement)的影响。这是因为,作为一个团队的领导者,不仅要充分激励成员个体的工作敬业度,也要加强提升整个团队的工作敬业度。研究显示,团队工作敬业度不仅能够积极影响成员个体的工作敬业度(Bakker, van Emmerik, & Euwema, 2006),也能够显著提升整个团队的工作绩效(Torrente, et al., 2012)。但是,目前学术界主要探讨的是如何激发员工的工作敬业度,而忽视了对如何增强团队工作敬业度的关注。因此,学者们呼吁应更多地探究团队工作敬业度的影响因素及其作用机理(Costa, Passos, & Bakker, 2014a; Torrente, et al., 2012)。作为响应,本书的第二个研究目的是,基于团队工作敬业度涌现模型(model for the emergence of team work engagement)(Costa, et al., 2014a),分析并检验 FSSB 差异作为团队输入(team inputs)是否对团队工作敬业度产生消极影响。如果存在,那么 FSSB 差异又是如何影响团队工作敬业度?Costa 等(2014a)研究认为,团队工作敬业度是一种涌现状态(emergent state),这种关于认知的、动机的或情感的涌现状态起源于较低层次(如个体间)动态的互动过程,并最终在更高层次中(如团队中)表现出来(Kozlowski, Chao, & Grand, et al., 2013)。因此,Costa 等学者(2014a)认为团队人际过程(team interpersonal processes)是联结团队输入与团队涌现状态的"桥梁"。因此,本书的第三个研究目的是,根据团队工作敬业度涌现模型(Costa, et al., 2014a),考察团队关系冲突(team relationship conflict)作为人际互动过程的重要内容,能否成为 FSSB 差异影响团队工作敬业度的关键中介变量。通过上述研究,不仅能够丰富 FSSB 和工作敬业度的多层面理论体系,也为管理者在团队情境中执行 FSSB 提供了针对性的建议。本章的研究模型如图 6-1 所示。

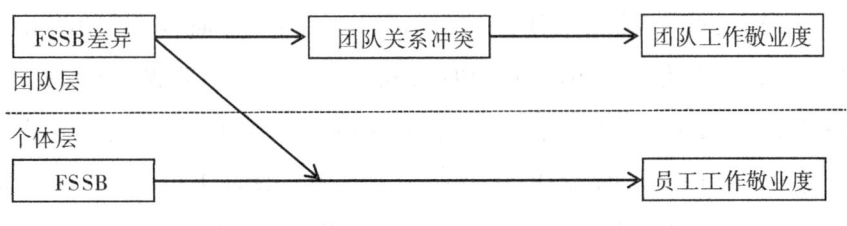

图 6-1 研究三模型图

6.2 理论和假设

6.2.1 FSSB与员工工作敬业度

本书的第3章和第4章分别从资源-获取-发展理论视角和社会交换理论视角分析并验证了FSSB对员工工作敬业度的积极影响,此处不再赘述。

6.2.2 FSSB差异对FSSB影响员工工作敬业度的调节作用

本书综合考量了西方的LMX理论、中国的差序式领导理论以及FSSB构念本身存在的差别对待员工的属性,提出FSSB差异的构念。差异化领导(differentiated leadership)是领导对不同的团队成员展现不同程度的个性化领导行为,比如,对有些团队成员给予更多的关心或更多的支持(Wu, Tusi, & Kinicki, 2010)。参照差异化领导(differentiated leadership)的定义,即领导对不同的团队成员展现不同程度的领导行为(如对有些团队成员给予更多的关心或更多的支持)(Wu, et al., 2010),本书将FSSB差异界定为,在团队情境中,团队上司面向不同的团队成员实施不同程度的FSSB。遵循Klein和Kozlowski(2000)的分类,FSSB差异提升到团队层面具有构造属性(configural properties),这种属性并不要求团队成员之间共享相似的感知,而是描述团队成员在认知、态度、情感或行为等方面不同感知的组合或排列形式。因此,作为团队层面的FSSB差异反映了团队成员感知FSSB的差异性,即FSSB差异越小,表明团队上司针对不同团队成员实施了程度较为一致的FSSB;而FSSB差异越大,则意味着团队上司针对不同团队成员实施了差异化程度越高的FSSB。基于公平理论,本书推断FSSB差异作为团队中重要的情境因素,很可能会抑制员工感知的FSSB对工作敬业度的正向影响。

首先，在团队情境中分配资源，团队成员更偏向于选择平等原则（equality principle）而不是公平原则（equity principle）来判断资源分配的公平性（Colquitt & Jackson, 2006; Liao, et al., 2010）。公平原则与平等原则是影响人们公平感（fairness perceptions）的关键因素（Greenberg, 1982）。在组织情境中，公平原则是根据员工贡献的大小分配资源，而平等原则是所有的员工平分资源。以往研究表明，不同的分配原则适应于不同的情境（Colquitt & Jackson, 2006）。在团队工作模式中，团队成员之间需要通过相互合作、沟通和协调等互动过程完成工作目标（Kozlowski & Bell, 2003），这使得整体成员所付出的努力都凝聚在一起，从而导致计算每位成员的贡献量变得非常困难。在信息不对称和归因偏见的影响下，每位成员都倾向于认为自己所作出的贡献是不可或缺的（Leventhal, 1980）。在这种情况下，在团队成员中平分资源是最后折中的选择（Deutsch, 1975; Leventhal, 1980）。其次，在组织中，员工往往会根据资源的种类来选择更易接受的分配原则。以物质为主的经济资源，员工更倾向于认为按照公平原则来分配更为合理；而以关怀为主的社会情感资源，员工则认为采取平等原则来分配更为公平（Martin & Hard, 1994）。FSSB属于社会情感资源，因而员工认为上司执行差异化程度低的FSSB会更加公平。最后，根植于中国情境中的集体主义文化使得中国员工普遍持有平均主义的分配价值观（Li, et al., 2015）。具体而言，中国员工更加期待上司能够照顾到整个团队，而不是仅对个体员工提供特殊优待（Bond, Leung, & Wan, 1982；王震，仲理峰，2011）。

然而，当团队上司对不同成员执行了差异化程度较高的FSSB时，这不仅违背了团队成员用以判断资源分配是否公平的平等原则（Colquitt & Jackson, 2006），也违背了员工持有的社会情感资源应该平均分配的理念（Martin & Hard, 1994），以及根植于中国员工内心的平均主义分配价值观（Li, et al., 2015），从而导致团队成员对FSSB产生不公平感。不仅如此，团队成员对不公平感往往会产生一致的感知，即使获得资源较多的成员

(Degoey, 2000; Erdogan & Bauer, 2010)。在团队情境中,感知到较多与较少 FSSB 的成员在工作过程中,由于经常接触并且频繁地沟通和交流,会通过认知传染(cognitive contagion)(Degoey, 2000),从而对 FSSB 执行的不公平形成一致的感知。根据公平理论,当员工感知到自己受到不公平对待时,获得较多资源的个体可能会产生不安和内疚等消极心理反应(Adams, 1965)。后续的实验研究支持了这一理论,研究发现当人们感知到自己被给予过多优待(over-benefited)时,他们愿意放弃过多的资源而接受公平的对待,以减轻自己的不安心理(Walster, Walster, & Berscheid, 1978)。因此,在执行 FSSB 不公平的团队情境中,当员工感知到自己得到的上司的家庭支持比其他成员多时,结果的有利性(outcome favorability)会导致其心理产生不安、焦虑与内疚(Krehbiel & Cropanzano, 2000; Weiss, Suckow, & Cropanzano, 1999)。同时,得到较多 FSSB 支持的员工也很可能被其他成员视为上司的偏爱(favoritism),从而很难得到其他成员的信任与支持(Beehr & Glazer, 2001; Glazer, 2006)。当员工不被同事信任与支持时,内心的不安全感会更加强烈(Kahn, 1990)。而已有的实证研究表明,员工只有在感觉心理安全的情况下,才能在工作角色中全身心地投入(May, Gilson, & Harter, 2004)。因此,FSSB 差异会削弱 FSSB 对员工工作敬业度的积极影响。

此外,现有的实证研究也能为上述推断提供间接支持。Li 等学者(2015)研究发现,当领导采取较高程度的差异化授权行为时,会违背中国员工的集体主义价值观和平均主义分配理念,这使得团队成员感知受到了不公平的对待,进而抑制了领导授权行为对员工角色幅度自我效能感的促进作用。类似地,Liao 等学者(2010)也认为 LMX 差异由于破坏了团队成员的公平感,从而阻碍了 LMX 对员工自我效能感的正向影响。综上所述,本书提出以下假设:

假设1:FSSB 差异会调节 FSSB 与员工工作敬业度之间的关系,即 FSSB 差异越大,FSSB 与员工工作敬业度之间的正向关系越弱。

6.2.3 FSSB 差异与团队工作敬业度

团队工作敬业度是团队成员在工作中共享的充满动力、全情投入并感到愉悦的涌现状态(Costa, et al., 2014a, 2014b)。和员工工作敬业度包括活力、奉献和专注三个维度(Shaufeli & Bakker, 2010; Schaufeli, Bakker, & Salanova, 2006)类似,团队工作敬业度也包含活力、奉献和专注三个维度(Costa, et al., 2014a; Torrente, et al., 2012)。团队活力是指整个团队精力充沛,愿意努力工作,面临困难会坚持不懈。团队奉献是指整个团队在工作中具有激情,精神振奋,对工作充满自豪感。团队专注代表的是整个团队在工作中全情投入,注意力高度集中,以至于很难从工作中分离。

然而,团队工作敬业度和员工工作敬业度存在本质的区别,其关键原因在于团队工作敬业度属于团队层次的涌现状态。根据涌现研究领域中代表人物 Kozlowski 的观点,涌现现象的产生至少包括两个不同的层次。这种现象产生在较低层次(如个体的认知、动机、情感和行为),在过程机制的驱动下,较低层次间(如个体间)动态的互动过程促使产生涌现的特征,经过一定的时间,最终在更高的层次(如团队中)涌现出共享的认知、动机或情感等状态(Kozlowski, et al., 2013; Kozlowski & Klein, 2000)。团队中的涌现状态除了团队工作敬业度,还包括团队效能(team efficacy)和团队凝聚力(team cohesion)等(Kozlowski & Chao, 2012)。从涌现状态的形成过程来看,团队涌现状态具有动态的属性,会随着团队输入和团队过程(team process)等变化而变化(Marks, Mathieu, & Zaccaro, 2001)。在上述研究的基础上,Costa 等(2014a)提出了团队工作敬业度涌现模型。由于团队人际过程是整个团队过程有效运行的基础(Marks et al., 2001),因此,该理论模型认为团队人际过程是团队涌现状态最直接的驱动因素。根据该理论模型,团队上司属于团队特征(team characteristics)中的输入要素,而团队工作敬业度作为团队的涌现状态,是团队输入要素和团队成员人际互动过程的近端结果(proximal outcomes)。据此,本书推断 FSSB 差异作为输入要素,很可能会减少团队工作敬业度的涌现。

根据FSSB差异的含义,FSSB差异意味着团队上司对下属成员提供FSSB时并不是一视同仁,由假设1的推理过程可知这会使员工感知到不公平。已有的实证研究也表明,差异化的领导行为会让员工产生不公平感(Li, et al., 2015; Liao, et al., 2010; Wu, et al., 2000)。根据公平理论,获得较少FSSB支持的成员感知到不公平后,不仅会产生失望、挫败、气愤等负面情绪(Adams, 1965; Weiss, et al., 1999),也会对获得较多FSSB支持的成员产生嫉妒甚至憎恨的心理反应(Beehr & Glazer, 2001; Glazer, 2006)。而这些消极的情绪和心理会破坏成员之间的和谐关系(Hooper & Martin, 2008),进而会阻碍团队成员之间进行有效的沟通与合作(Fischer & Roseman, 2007)。同时,得到较多FSSB支持的员工会与上司形成高质量的LMX关系;得到较少FSSB支持的员工会与上司形成低质量的LMX关系(Bagger & Li, 2014)。而已有研究表明,LMX关系差异是导致团队关系不平衡的关键影响因素(Sherony & Green, 2002; Tse, Lam, & Lawrence, et al., 2013)。平衡理论(balance theory)认为,团队关系的不平衡会对团队的人际互动过程产生负面影响(Heider, 1958)。依据该理论进行的实证研究也发现,LMX关系差的成员会厌恶和不信任LMX关系好的成员;LMX关系好的成员则会不尊重和排斥LMX关系差的成员(Sias & Jablin, 1995; Tse, et al., 2013)。

综合上述的推理过程,本书认为,当上司执行差异化的FSSB时,会对团队的人际互动过程带来负面影响,从而阻碍团队工作敬业度的涌现。此外,已有的实证研究也可以提供间接支持,例如,差异化的变革型领导行为降低了团队效能的涌现(Wu, et al., 2000),团队差序氛围减少了团队凝聚力的涌现(刘军,章凯,仲理峰,2009)。基于此,本书提出以下假设:

假设2:FSSB差异将负向影响团队工作敬业度。

6.2.4 团队关系冲突的中介作用

团队关系冲突是指团队成员之间在人际关系上的不和谐,包括与其他成员出现情感上的紧张与摩擦,对其他成员有不喜欢、厌烦甚至是敌意等感觉(Jehn & Mannix, 2001)。过往研究主要从团队成员的视角,关注了团队成员的性别、种族等浅层异质性以及人格、价值观等深层异质性对团队关系冲突的影响(Anderson, 2009; Jehn, Northcraft, & Neale, 1999; Mohammed & Angell, 2004)。本书则以和成员有密切接触的团队上司为视角,探讨团队上司对待不同成员提供差异化的FSSB与团队关系冲突之间的关系。基于团队工作敬业度涌现模型(Costa, et al., 2014a),团队输入因素会通过影响团队人际过程,进而影响团队工作敬业度。由于团队关系冲突是人际过程的重要内容,本书推断FSSB差异作为输入要素很可能会增加团队关系冲突,进而对团队工作敬业度的涌现产生负面影响。

基于社会比较理论(social comparison theory),在组织中,员工会通过与自己相关的其他人(如同事)进行社会比较,从而决定自己的态度和行为(Festinger, 1954; Greenberg, Ashton-James, & Ashkanasy, 2007)。在团队的工作方式下,团队上司是团队成员会经常接触到的对象,作为团队的管理者,团队上司拥有资源的分配权,这使得成员对上司的领导行为非常关注和敏感。同时,由于现代企业无不面临激烈的市场竞争,在领导的时间和精力均有限的情况下,FSSB无疑是一种珍贵的稀缺资源(Bagger & Li, 2014)。此外,FSSB也是一个比较容易观察的指标。因此,本书认为,当团队上司执行差异化的FSSB时,团队成员不仅会重视自身所获得的FSSB,也会积极地与其他成员所获得的FSSB进行社会比较。通过比较,获得较少FSSB支持的成员会感知受到了上司的不公平对待,进而会在团队人际互动过程中嫉妒甚至敌视获得较多FSSB支持的成员;获得较多FSSB支持的成员感受到这些嫉妒甚至敌视后,也会疏远这些获得较少FSSB支持的成员(Beehr & Glazer, 2001; Glazer, 2006)。而团队成员之间的嫉妒、敌视和疏远正是团队关系冲突的具体表现形式。

此外,依据平衡理论(Heider,1958),本书推断FSSB差异会破坏团队关系的平衡性,进而导致团队关系冲突。Bagger和Li(2014)在实证研究中发现,员工感知到的FSSB与LMX关系显著正相关。这表明,FSSB差异会形成差异化的LMX关系,而LMX关系的差异正是团队中关系不平衡的重要来源(Sherony & Green, 2002;Tse, et al., 2013)。平衡理论(Heider,1958)认为,关系不平衡会激发成员之间的社会比较过程,从而导致人际间的不喜欢、讨厌甚至憎恨的情绪(Tse, et al., 2013)。进一步地,Tse等学者(2013)验证了当两名同事与共同的上司具有不同质量的LMX关系时,LMX关系质量高的同事会藐视LMX关系质量低的同事;而拥有LMX关系质量低的同事会憎恨LMX关系质量高的同事。相似地,周明建和侍水生(2013)基于社会比较理论,发现当领导与下属成员建立差异化的LMX关系时,会增加团队成员之间的人际关系冲突。基于上述推理过程,本书提出以下假设:

假设3:FSSB差异将正向影响团队关系冲突。

团队工作敬业度涌现模型认为,驱动团队工作敬业度的最近端前因变量就是团队中的人际过程(Costa, et al., 2014a),据此,本书推断团队关系冲突作为团队人际过程中的重要组成部分,将会减少团队工作敬业度的产生。学术界对于团队关系冲突会给团队带来不利影响已早有定论(Jehn, 1995;Jehn & Mannix, 2001),元分析的结果也证实了这种假设(DeDreu & Weingart, 2003;DeWit, Greer, & Jehn, 2012)。其中,DeDreu和Weingart(2003)在元分析中发现团队关系冲突与团队效能和团队成员满意度具有显著负向关系。DeWit等(2012)对上述元分析进行了拓展,验证了团队关系冲突能够显著负向影响团队凝聚力的涌现,并认为团队涌现状态是团队关系冲突对团队最直接的影响结果。由于关系冲突直接损害团队成员之间的感情,成员间很难提供建设性的批评意见,而是更易指责对方的不恰当行为,并拒绝接受对方的感受和动机(DeWit, et al., 2012)。在这种情况下，团队成员变得更加以自我为中心，较少关注团队集体目标的完成，从而削弱了团队工作敬业度的涌现(Costa, et al., 2014a)。因此，本书提出以下假设：

假设4：团队关系冲突会负向影响团队工作敬业度。

基于团队工作敬业度涌现模型(Costa, et al., 2014a)，团队成员的人际过程(如团队关系冲突)在团队输入因素(如FSSB差异)和团队涌现状态(如团队工作敬业度)之间发挥着"桥梁"作用。结合假设2、3和4，本书提出以下假设：

假设5：团队关系冲突会中介FSSB差异对团队工作敬业度的影响。

6.3 研究方法

6.3.1 研究样本与数据收集

本书的样本来自武汉、合肥、深圳、上海和北京17家企业的69个项目团队，涉及电子信息、生产制造、房地产、金融服务等多个行业。所有团队中，有一名明确的直接上司，下属成员人数在3人以上且均为所属企业的全职员工。由于与第3章的研究来自同一数据源，本章数据收集的细节不再赘述，详见第3章的"研究样本与数据收集"。

为避免共同方法偏差可能对研究结果的潜在影响，本书采用间隔期为3个月的两阶段问卷调查方式。其中，员工在第一时间阶段填写FSSB及个体层次的控制变量，在第二时间阶段填写员工工作敬业度、团队关系冲突和团队工作敬业度；团队上司在第一时间阶段填写团队层次的控制变量。第一时间阶段在82个项目团队中发放了395份员工问卷，回收后对空白较多、反应倾向过于一致以及团队中员工问卷少于3人的问卷予以剔除，共获得358份员工有效问卷，来自78个有效团队。第二时间阶段在78个项目团队中发放了358份员工问卷，回收后对无法配对、团队中员工问卷少于3人、空白较多以及反应倾向过于一致的问卷予以剔除,最终获得员工有效问卷277份,来自69个有效团队。员工有效问卷回收率为70.13%,平均每个团队有4.01名员工填答了问卷。

在有效的员工样本中,男性占56.2%,88.1%的员工获得大专及以上学历,平均工作年限为6.34年(标准差为5.60);在年龄分布方面,25岁以下的占15.2%、25~35岁的占65%、35~45岁的占16.6%、45岁以上的占3.2%;在家庭责任方面,54.9%的员工没有小孩,2.2%的员工有18周岁(含18周岁)以上的小孩,43%的员工有18周岁以下的小孩。在有效的团队上司样本中,男性占71%,89.9%的上司获得大专及以上学历,平均岗位任职年限为6.01年(标准差为4.37);在年龄分布方面,25~35岁的占49.3%、35~45岁的占42%、45岁以上的占8.7%。另外,在所有制形式中,国有企业占36.2%,非国有企业占63.8%。

6.3.2 测量工具

本书使用的成熟量表均开发于西方语言情境,因而研究者在调研前对所有量表进行了翻译和回译的过程(Brislin,1986),具体方法详见第3章中"变量的测量"部分。为了有效抑制中国人倾向于选择中间数值的偏好(Cheng, et al., 2004),本书中涉及的所有变量均采用Likert 6点制量表计分(1=非常不符,4=有点相符,6=非常相符)。具体各个变量的测量如下所述:

FSSB:与第3章所使用的量表相同,在本章的研究中,该量表的Cronbach's α 系数为0.92。

FSSB差异:依据离散模式(Chan, 1998)以及 Harrison 和 Klein(2007)对离散模式的进一步介绍,本书采用差异系数(coefficient of variance)作为衡量FSSB差异的指标。该衡量方法已成功应用于差异化领导行为(Wu, et al., 2010)以及差异化授权领导行为(Li, et al., 2015)的研究中。具体而言,FSSB差异采用团队成员对FSSB感知的标准差除以平均值来测量。该差异系数越大,说明团队成员感知的 FSSB 差异越大。

员工工作敬业度:采用的测量方式与第 3 章相同,在本章的研究中,该量表的 Cronbach's α 系数为 0.94。

团队关系冲突:采用 Jehn(2001)开发的量表,原量表共有 4 个题项。本书与周明建和侍水生(2013)一致,删去测量个性冲突的题项,采用了其中的 3 个题项。代表性题项有"我所在的团队经常发生关系紧张的情况",该量表在本书中的 Cronbach's α 系数为 0.88。为了检验团队关系冲突在团队层次聚合的可能性,研究人员从组内一致性(r_{wg})和组内相关(ICC(1)和 ICC(2))两个方面进行考察。结果显示,团队关系冲突的 r_{wg} 均值为 0.87、ICC(1)为 0.45、ICC(2)为 0.77。根据 James(1982)的建议,r_{wg} 均值应高于 0.70,ICC(1)和 ICC(2)应分别高于 0.05 和 0.5,由此可见,团队关系冲突符合聚合的基本条件。进一步地,研究人员根据员工对团队成员之间关系冲突感知的平均值而得出团队关系冲突的得分。

团队工作敬业度:采用 Costa 等(2014b)在员工工作敬业度量表(Schaufeli, et al., 2002)的基础上改编的团队工作敬业度量表包括 3 个维度、9 个题项。其中,团队活力维度有 3 个题项($\alpha=0.91$),如"在工作中,我们充满活力";团队奉献维度有 3 个题项($\alpha=0.94$),如"在工作中,我们充满热情";团队专注维度有 3 个题项($\alpha=0.91$),如"我们沉浸在工作之中"。在本书中,该量表的 Cronbach's α 系数为 0.95。参照 Costa 等(2014b),本书将团队成员感知的团队工作敬业度聚合到团队层面。为了判断本书中团队工作敬业度是否可以聚合,研究人员检验了 r_{wg}、ICC(1)和 ICC(2)三个指标。结果显示,团队关系冲突的 r_{wg} 均值为 0.92、ICC(1)为 0.38、ICC(2)为 0.71。以上三个指标均符合 James(1982)中的聚合条件,因而本书用团队成员对团队工作敬业度感知的平均数作为团队层面变量的观察值。

控制变量:在团队层面,本书控制了一些可能会影响团队关系冲突和团队工作敬业度的变量,包括上司的性别、上司的岗位任职年限、上司的受教育程度、团队规模以及团队的所有制形式。个体层面的控制变量与第3章的研究相同,在此不再赘述。

6.3.3 统计分析方法

本书采用 AMOS 17.0、SPSS 20.0、SPSS PROCESS 和 HLM 6.02 软件进行数据分析。主要包括以下步骤:

第一步,运用 AMOS 17.0 软件进行验证性因子分析。

第二步,运用 SPSS 20.0 软件进行描述性统计分析和信度检验。

第三步,运用 HLM 6.02 软件对假设1进行检验。

第四步,运用 SPSS 20.0 软件对假设2、假设3、假设4和假设5进行检验,并运用 SPSS PROCESS 宏程序对中介效应进行进一步检验。

6.4 研 究 结 果

6.4.1 验证性因子分析

研究人员首先运用 AMOS 17.0 软件来检验本书中变量的区分效度。其中,FSSB 差异、团队关系冲突和团队工作敬业度是由团队中每个成员进行评价后构建的团队层次的变量。因此,研究人员需对员工在个体层次进行评价的变量,即 FSSB、工作支持、员工工作敬业度、团队关系冲突、团队工作敬业度进行验证性因子分析。对 FSSB 和员工工作敬业度的具体打包方法与第3章相同,此处不再赘述。参照 Torrente 等(2012),将团队工作敬业度按照团队活力、团队专注和团队奉献3个子维度进行打包。结果如表6-1所示,五因子模型的合效果良好($X^2 = 282.19$; $df = 94$; $X^2/df = 3.00$; $CFI = 0.95$; $TLI = 0.94$; $RMSEA = 0.085$),并且明显优于其他四个备选模型,如四因子模型(将员工工作敬业度和团队关系冲突进行合并,$X^2 = 761.65$; $df = 98$; $X^2/df = 7.77$; $CFI = 0.83$; $TLI = 0.79$; $RMSEA = 0.157$),这说明本书中的五个构念具有良好的区分效度。

表 6-1 验证性因子分析结果($N=277$)

模型	χ^2	df	χ^2/df	CFI	TLI	RMSEA
零模型	3994.53	120				
五因子模型	282.19	94	3.00	0.95	0.94	0.085
四因子模型	761.65	98	7.77	0.83	0.79	0.157
三因子模型	874.57	101	8.67	0.80	0.76	0.167
二因子模型	922.04	103	8.95	0.78	0.74	0.170
单因子模型	1220.73	120	11.74	0.71	0.67	0.197

注：五因子模型：FSSB，工作支持，员工工作敬业度，团队关系冲突，团队工作敬业度；

四因子模型：FSSB，工作支持，员工工作敬业度+团队关系冲突，团队工作敬业度；

三因子模型：FSSB，工作支持，员工工作敬业度+团队关系冲突+团队工作敬业度；

二因子模型：FSSB+工作支持，员工工作敬业度+团队关系冲突+团队工作敬业度；

单因子模型：FSSB+工作支持+员工工作敬业度+团队关系冲突+团队工作敬业度。

6.4.2 共同方法偏差检验

尽管采用了间隔期为 3 个月的两阶段匿名问卷调查方式以有效降低共同方法偏差，但在本章研究中由于所涉及的变量均由员工填答，因此，需要进行共同方法偏差检验。首先，研究人员运用"Harman 单因子检验法"进行检验，结果显示，首因子解释的变异量为 30.33%，小于总变异量(72.14%)的一半(周浩，龙立荣，2004)。然后，研究人员采用"控制非可测潜在方法因子法"进行检验，结果如表 6-2 所示，控制前后模型的合指数 CFI、TLI、RMSEA 的变化值均没有超过 0.02，说明控制后模型并不显著优于控制前模型(Dulac, Coyle-Shapiro, & Henderson, et al.,

2008)。此外，本书团队层次中 FSSB 差异是根据成员感知 FSSB 的差异系数构建而成，团队关系冲突和团队工作敬业度则分别依据成员感知的平均值聚合而成，从而在一定程度上减少了共同方法偏差的潜在影响(周明建，侍水生，2013)。基于上述分析，可以判定本书不存在严重的共同方法偏差问题。

表 6-2 共同方法偏差检验结果($N=277$)

模型	χ^2	df	χ^2/df	CFI	TLI	RMSEA
控制前	282.19	94	3.00	0.95	0.94	0.085
控制后	185.87	78	2.38	0.97	0.96	0.071

6.4.3 描述性统计结果

各变量的平均数、标准差和相关系数见表 6-3。其中，个体层次中，变量 1~7 由员工在第一时间阶段报告，变量 8 由员工在第二时间阶段报告；团队层次中，变量 1~6 由上司在第一时间阶段报告，变量 7 根据个体层次中变量 7 的差异系数构建而成，变量 8~9 分别根据员工在第二时间阶段报告的平均数聚合而成。结果如表 6-3 所示，在团队层次中，FSSB 差异与团队关系冲突($r=0.36$，$p<0.01$)存在显著的正相关关系，与团队工作敬业度存在显著的负相关关系($r=-0.25$，$p<0.05$)。团队关系冲突与团队工作敬业度也存在显著的负相关关系($r=-0.34$，$p<0.01$)。这为团队层次中的研究假设提供了初步支持。个体层次中变量的相互关系在本书的第 3 章和第 4 章中已进行描述，此处不再赘述。另外，为了避免多重共线性，在员工年龄与员工工龄之间，选择员工工龄作为控制变量；在上司年龄和上司岗位任职年限之间，选择上司岗位任职年限作为控制变量。

表 6-3 描述性统计分析结果

变量名称	M	SD	1	2	3	4	5	6	7	8
个体层($N=277$)										
1 员工性别	0.41	0.49								
2 员工年龄	2.08	0.67	-0.01							
3 员工工龄	6.34	5.60	-0.05	0.55^{**}						
4 员工受教育程度	2.62	0.81	0.07	0.08	-0.04					
5 员工家庭责任	1.88	0.98	0.00	0.45^{**}	0.48^{**}	-0.17^{**}				
6 工作支持	4.14	1.15	-0.08	-0.05	-0.12	-0.14^{*}	-0.13^{*}			
7 FSSB	4.19	1.00	-0.08	-0.05	-0.13^{*}	-0.19^{**}	-0.06	0.53^{**}		
8 员工工作敬业度	4.27	0.99	0.01	-0.01	-0.08	-0.19^{**}	0.06	0.42^{**}	0.43^{**}	
团队层($N=69$)										
1 上司性别	0.29	0.46								

续表

变量名称	M	SD	1	2	3	4	5	6	7	8
2 上司年龄	2.59	0.65	0.01							
3 上司岗位任职年限	6.01	4.37	-0.12	0.21						
4 上司受教育程度	2.83	0.80	0.10	0.12	0.02					
5 团队规模	9.83	4.51	-0.25*	0.25*	0.16	-0.35**				
6 所有制形式	0.64	0.48	0.02	-0.41**	-0.27*	-0.16	-0.19			
7 FSSB差异	0.14	0.08	-0.10	-0.03	-0.21	-0.08	0.14	-0.11		
8 团队关系冲突	1.99	0.75	-0.16	0.07	-0.08	0.14	0.01	-0.08	0.36**	
9 团队工作敬业度	4.18	0.74	-0.09	-0.02	0.13	-0.21	0.01	-0.10	-0.25*	-0.34**

注：个体层和团队层中：性别，0为男性，1为女性；年龄，1为25岁以下，2为25~35岁，3为35~45岁，4为45岁以上；受教育程度，1为高中及以下，2为专科，3为本科，4为研究生及以上。个体层中：家庭责任，1为没有小孩，2为有大于18周岁的小孩，3为有小于18周岁的小孩。团队层中：所有制形式，0为国有企业，1为非国有企业。*．表示$p<0.05$，**．表示$p<0.01$。

6.4.4 假设检验

本章运用 HLM 6.02 软件检验 FSSB 差异在 FSSB 与员工工作敬业度之间所发挥的调节作用。首先，设置以员工工作敬业度为结果变量的零模型，以考察其组间与组内方差。结果显示员工工作敬业度的组内方差(σ^2)与组间方差(τ_{00})分别为 0.55 和 0.43，组间方差占总方差的 43.88%。因此，可以采用多层线性模型进行数据分析(温福星，2009)。

HLM 的分析结果如表 6-4 所示，在模型 2 中，控制了上司的工作支持和员工的性别、工龄、受教育程度以及部门规模后，FSSB 对员工工作敬业度具有显著的正向影响($\beta = 0.28$, $p < 0.01$)。在检验 FSSB 与 FSSB 差异的跨层次交互效应时，根据 Hofmann 与 Gavin(1998)的建议，本书将 FSSB 的组平均数及其与 FSSB 差异的交互项置于团队层面进行控制，以避免"虚假"的跨层次交互效应出现。从模型 3 可看出，在模型 2 的基础上，控制了 FSSB 差异、FSSB 组平均数及其与 FSSB 差异的交互项后，FSSB 与 FSSB 差异的交互项对员工工作敬业度具有显著的负向影响($\beta = -0.12$, $p < 0.05$)，这表明 FSSB 差异对 FSSB 和员工工作敬业度之间的关系具有跨层次的负向调节作用。

表 6-4 HLM 分析结果

变量名称	员工工作敬业度		
	模型 1	模型 2	模型 3
截距	4.27***	4.27***	4.27***
个体层变量			
员工性别	0.11	0.08	0.08
员工工龄	-0.09	-0.07	-0.08
员工受教育程度	-0.09	-0.09	-0.10*

续表

变量名称	员工工作敬业度		
	模型 1	模型 2	模型 3
员工家庭责任	0.10*	0.09	0.09
工作支持	0.34***	0.30**	0.28**
FSSB		0.28**	0.30**
团队层变量			
团队规模	0.02	0.02	-0.04
FSSB 差异			0.06
FSSB 均值			0.09
交互项			
FSSB 均值×FSSB 差异			-0.03
FSSB×FSSB 差异			-0.12*
方差分解			
组内方差(σ^2)	0.47	0.48	0.36
组间方差(τ_{00})	0.38	0.37	0.13

注：回归系数均为稳健标准误(robust standard errors)下的非标准化系数。*. 表示 $p<0.05$，**. 表示 $p<0.01$，***. 表示 $p<0.001$。

为了更加清晰地显示 FSSB 差异的调节效应，本书参考 Aiken 和 West (1991) 的建议，绘制了如图 6-2 所示的调节效应图。结果显示，对于 FSSB 差异较小的团队，FSSB 对员工工作敬业度具有显著的正向作用(simple slope = 0.42，$t=4.01$，$p<0.001$)；对于 FSSB 差异较大的团队，FSSB 对员工工作敬业的影响不显著(simple slope = 0.18，$t=1.72$，n.s.)。因此，假设 1 得到了支持。

为了检验团队关系冲突在 FSSB 差异与团队工作敬业度之间所起的中介作用，本章采用 SPSS 20.0 软件进行层级线性回归分析，具体回归结果见表 6-5。

6.4 研究结果

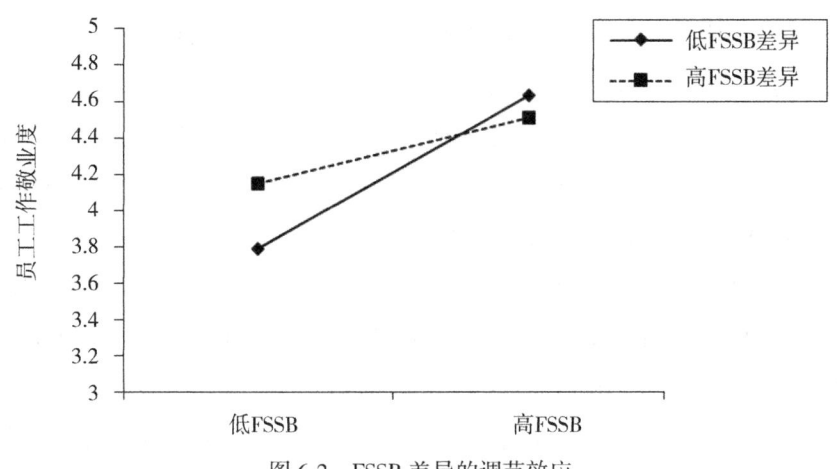

图 6-2 FSSB 差异的调节效应

表 6-5 层级线性回归分析结果($N=69$)

变量名称	团队关系冲突			团队工作敬业度		
	模型 1	模型 2	模型 3	模型 4	模型 5	模型 6
截距项	2.62***	2.61***	4.18***	4.18***	4.18***	4.17***
上司性别	−0.05	−0.02	−0.11	−0.12	−0.10	−0.11
岗位任职年限	0.02	0.04	0.04	0.03	0.10	0.09
上司教育程度	0.15*	0.09	−0.16*	−0.13	−0.11	−0.12
团队规模	0.02	−0.02	−0.08	−0.05	−0.03	−0.01
所有制形式	−0.09	−0.11	0.08	0.12	0.08	0.11
FSSB 差异		0.30***		−0.20*		−0.09
团队关系冲突					−0.29**	−0.26**
R^2	0.08	0.23	0.09	0.16	0.18	0.25
ΔR^2		0.15***		0.07*	0.09**	0.09**

注:*. 表示 $p<0.05$;**. 表示 $p<0.01$;***. 表示 $p<0.001$。

假设 2 的检验。假设 2 提出 FSSB 差异将负向影响团队工作敬业度。

由表6-4中的模型4可知,FSSB差异与团队工作敬业度之间存在显著的负向关系($\beta=-0.20$, $p<0.05$),假设2获得了支持。

假设3的检验。假设3提出FSSB差异将正向影响团队关系冲突。由表6-4中的模型2可知,FSSB差异对团队关系冲突具有显著正向影响($\beta=0.30$, $p<0.001$),假设3得到了支持。

假设4的检验。假设4提出团队关系冲突会负向影响团队工作敬业度。由表6-4中的模型5可知,团队关系冲突对团队工作敬业度具有显著负向影响($\beta=-0.29$, $p<0.01$),假设4得到了验证。

假设5的检验。假设5提出FSSB差异通过团队关系冲突的中介作用影响团队工作敬业度。在假设2、3和4均得以验证的基础上,从表6-4中的模型6可以看出,当团队关系冲突进入模型之后,团队关系冲突对团队工作敬业度存在显著的负向影响($\beta=-0.26$, $p<0.01$),而FSSB差异对团队工作敬业度的影响不再显著($\beta=-0.09$, $n.s.$)。上述结果表明团队关系冲突中介了FSSB差异对团队工作敬业度的影响。为了进一步检验中介效应,本书运用SPSS PROCESS宏程序,将样本重新抽样设定为20000次进行Bootstrapping分析,运行结果显示FSSB差异通过团队关系冲突对团队工作敬业度的中介效应成立(中介效应$=-0.08$, 95%置信区间$=[-0.22, -0.10]$,置信区间不包括零)。根据上述分析,假设5得以验证。

6.5 结果讨论

本书的第3章和第4章分别基于不同的理论视角探讨了员工感知的FSSB影响员工工作敬业度的不同作用机制。鉴于指导上司在团队情境中如何执行FSSB以及丰富差异化领导理论的迫切需要,本章将差异化领导的行为类型拓展至FSSB的理论研究领域,提出了FSSB差异的构念,并构建了一个多层次理论模型。首先,基于公平理论,解释了FSSB差异作为团队中的关键情境变量对个体层次中FSSB与员工工作敬业度关系的影响。其次,以团队工作敬业度涌现模型为整体理论框架,分析并阐述了FSSB

差异作为团队中的重要输入因素是如何对团队工作敬业度产生影响的。实证结果显示，FSSB 差异对 FSSB 与员工工作敬业度之间的关系具有负向调节作用；FSSB 差异对团队工作敬业度具有显著的负向影响，其中团队关系冲突能够中介二者之间的关系。

6.5.1 理论意义

本书具有四点理论贡献。

首先，本书根据团队情境中 FSSB 的执行过程提出了 FSSB 差异的构念，从而将个体层面的 FSSB 研究拓展至团队层面。尽管越来越多的组织已采用团队工作模式来应对日益激烈的市场竞争（张艳清等，2015；Torrente, et al., 2012），但至今为止，学术界仅在员工个体层面考察了 FSSB 的影响作用（Straub，2012；马红宇等，2016），却忽视了探讨管理者在团队工作模式中实施 FSSB 的过程及其潜在的影响。然而，不论是西方文化情境下的 LMX 理论，还是中国文化背景下的差序式领导理论，都表明上司在管理团队的过程中，会采取差异化的领导行为来差别对待不同的下属成员（Wu, et al, 2010；Zhang, et al., 2015；姜定宇，张菀真，2010）。不仅如此，FSSB 又是一种角色外的个性化领导行为（Hammer, et al., 2009；Straub，2012），这意味着上司在执行该项行为时会有更多的弹性和自主性。在时间、精力和资源都有限的情况下，上司自然会对那些被划分为"自己人"的（郑伯埙，1995，2004）、与上司 LMX 关系质量高的（Hooper & Martin，2008）或者是家庭责任负担重的下属成员实施更多的 FSSB，这就使得团队成员之间在 FSSB 的感知中存在差异性。为此，本书将差异化领导理论运用到具体的领导行为研究中，提出 FSSB 差异的构念，这不仅拓宽了 FSSB 的理论研究视角，也积极响应了学者们关于拓展差异化领导行为类型研究的呼吁（Li, et al., 2015；Zhang, et al., 2015）。

其次，本书发现 FSSB 差异作为团队情境变量，抑制了 FSSB 对员工工作敬业度的积极影响。虽然研究者们呼吁应重视组织中较高层次（如团队层次）的情境变量对较低层次（如员工层次）的影响（张志学，2010；张志学等，2014），但由于目前学术界对差异化领导的研究还较为匮乏（Zhang, et al., 2015；张艳清等，2015），因而鲜有研究探讨差异化领导行为作为情境因素对员工层次的影响。鉴于此，本书做了积极有益的尝试，基于公平理论，分析并检验了FSSB差异在FSSB与员工工作敬业度关系之间的调节效应。从研究结果来看，差异化程度较大的FSSB违背了平等原则，会让团队成员产生不公平感，进而削弱了FSSB对员工工作敬业度的促进作用。该结论与Li等（2015）与Liao等（2010）的研究结果相似，都一致证实了领导行为在团队成员之间的变异对领导行为的有效性存在显著的负向影响。但本书拓展了上述两项实证研究，因为无论是Li等（2015）的差异化领导授权行为（Li, et al., 2015）研究，还是Liao等（2010）的LMX关系差异的研究，都关注的是工作领域内的差异化领导行为。而本书突破了过往仅探讨与工作相关的领导差异行为，考察的是上司对员工家庭支持的差异行为，从而在一定程度上丰富了差异化领导的理论研究。同时，本书通过证实FSSB差异是抑制FSSB正向影响员工工作敬业度的重要边界条件，不仅深化了FSSB影响效果的研究，也丰富了FSSB的多层面研究体系。此外，该项研究成果不仅为公平理论提供了新的证据，同时也间接支持了情境领导理论可能仅适用于员工个体层次研究的论断（Vecchio, 1987）。

再次，本书证实了FSSB差异与团队工作敬业度显著负相关。尽管学者们在组织多层次理论的推动下已经意识到探究团队工作敬业度的重要性（Bakker, et al., 2006；Torrente, et al., 2012），但遗憾的是，截至目前学术界还是聚焦于对员工个体层次工作敬业度的研究（Costa, et al., 2014a, 2014b）。因此，本书基于团队工作敬业度涌现模型（Costa, et al., 2014a），考察了FSSB差异对团队工作敬业度的影响。研究结果显示，FSSB差异作为团队特征中的输入要素，与团队工作敬业度存在显著的负向关系。由于目前关于团队工作敬业度的影响因素和形成机理的实证研究较为匮乏（Costa, et al., 2014a），仅有Torrente等（2012）基于工作要求-资源模型验证了团队中的社会资源（包括支持性的团队氛围、团队协调以及团队工作安排）对团队工作敬业度的积极影响。因此，本书不仅拓展了团队工作敬业度的前因变量，也丰富了团队工作敬业度的决定机理，从而契合了学者们关于加强团队工作敬业度理论研究的呼吁（Costa, et al., 2014a; Torrente, et al., 2012）。同时，本书也与目前关于差异化领导会给团队带来不利影响的结论一致（e.g., Le Blanc & Gonzalez-Roma, 2012; Wu, et al., 2010; Zhang, et al., 2015）。但现有文献主要探讨的是差异化领导对远端结果（distal outcomes）的影响，如差异化变革型行为对团队有效性的影响（Wu, et al., 2010; Zhang, et al., 2015），LMX 差异对团队绩效的影响（Liden, et al., 2006; Le Blanc & Gonzalez-Roma, 2012）。而本书考察的是团队工作敬业度这一近端结果变量，因此丰富了差异化领导的影响结果研究。另外，本书通过考察 FSSB 差异对团队工作敬业度的影响，将 FSSB 的影响效果从个体层次的工作敬业度拓展至团队层次的工作敬业度，从而丰富了 FSSB 影响工作敬业度的分层面研究体系。

最后，本书揭示了团队关系冲突在 FSSB 差异与团队工作敬业度之间发挥着中介作用。虽然 Torrente 等学者（2012）依据工作要求-资源模型证实了团队中的支持性氛围等资源是团队工作敬业度的驱动因素，但上述研究并没有考虑团队运作的动态过程机制（Costa, et al., 2014a）。也就是说，Torrente 等（2012）忽略了团队和个体两个不同层次敬业度之间的本质区别，而只是将团队工作敬业度作为个体层次敬业度的一种同质转换（Kozlowski & Klein, 2000）。因此，Costa 等（2014a）认为团队工作敬业度和员工工作敬业度的形成机制存在本质的区别，其原因在于，团队层次的工作敬业度是团队成员共享的一种涌现状态，驱动涌现现象产生的并不是工作资源，而是取决于团队输入要素和团队成员人际互动等多种因素之间的动态变化过程（Kozlowski, et al., 2013; Kozlowski & Klein, 2000）。在此基础上，Costa 等（2014a）构建了团队工作敬业度涌现模型，并认为团队人际过程是联结团队输入要素和团队工作敬业度的"桥梁"。本书依据团队工作敬业度涌现模型（Costa, et al., 2014a），从 FSSB 差异的视角出发，并综合了公平理论、社会比较理论以及平衡理论进行推理，最后挖掘出团队关系冲突作为团队人际过程的重要内容，是 FSSB 差异影响团队工作敬业度的中介变量。因此，本书不仅为团队工作敬业度涌现模型提供了实证研究的证据，也在一定程度上丰富了该理论模型。同时，本书拓展了过往主要以团队成员的异质性作为团队关系冲突前因变量的研究（Anderson，2009；Jehn，et al.，1999；Mohammed & Angell，2004），从而响应了学者们提出的应加强探讨团队领导的差异性对团队关系冲突影响的呼吁（周明建，侍水生，2013）。此外，本书也验证了 DeWit 等（2012）在元分析中发现的团队涌现状态是团队关系冲突近端结果的论断。

6.5.2 管理启示

本书对管理实践亦具有重要的启示意义。本书的结论表明，在团队情境中，当管理者针对不同的团队成员执行差异化程度较高的 FSSB 时，这不仅抑制了个体层面中成员感知的 FSSB 对其工作敬业度的积极影响，也破坏了团队成员之间的和谐人际关系，并最终对整个团队的工作敬业度产生了负面影响。该研究结论提醒管理者在团队中执行 FSSB 时，应小心 FSSB 差异的潜在危害，并积极采取措施预防和减少这种潜在的危害。

具体的启示意义包括以下三个部分：首先，管理者在团队情境中应尽量减少差异化程度较高的 FSSB，尤其应避免按照亲疏有别的方式来实施 FSSB。更为重要的是，管理者应通过专门的培训，学习家庭支持型管理的相关知识和技能，并提升自身的沟通技巧，从而不断地提高自身执行 FSSB 的能力。具体而言，在团队中实施 FSSB 时，管理者应主动加强对所有成员的了解，更多地了解成员的不同需求，并根据不同需求，尽可能地让每位成员都感知到自己获得了较高水平的 FSSB 支持，从而最大限度地降低成员对 FSSB 感知的差异性水平。其次，管理者在执行 FSSB 的实践过程中，应公平地对待所有成员，尤其应注重互动公平和程序公平。在公平的氛围中让每位成员感知到获得 FSSB 支持的机会是均等的，进而减少 FSSB 差异由于违背平等原则而给成员带来的不公平感。例如，当上司给予了暂时照顾家庭责任较重的成员更多的 FSSB 支持时，在公平的团队氛围中，其他成员会认为自己将来需要 FSSB 支持时也可以无差别地得到，从而降低了不公平感的产生。最后,管理者应鼓励成员之间在相互尊重的基础上增进沟通与了解,避免关系冲突的产生。在此基础上,管理者应通过和谐团队文化的建设来提升成员之间的和谐人际关系,不断增强团队中人际互动的质量和水平,从而促进团队工作敬业度的涌现。

6.5.3 研究局限和展望

尽管本书具有较强的理论意义与实践意义,但也存在一些不足。

第一,本书依据西方的 LMX 理论、中国的差序式领导理论以及 FSSB 本身具有差异化对待下属个体的特征,首次提出了 FSSB 差异的构念,并综合考察了其作为团队层次中的情境变量以及团队中的输入要素对成员个体以及整个团队的影响。然而,本书仅采用标准化的问卷调查法进行实证研究,取得了对 FSSB 差异现象的理解。尽管这种方法遵从了当前差异化领导的研究范式,但为了更加深入地揭示 FSSB 差异的内涵,仅通过问卷调查搜集数据是不够扎实的。未来研究应采用更为严谨的"扎根"研究范式,通过观察与访谈企业工作团队中的 FSSB 差异现象,提炼出理论观点并进行实证检验,会取得更具有启发性的研究成果。

第二,本书是在中国情境下进行的,其研究结论是否适合于其他文化情境还有待进一步检验。一方面,根深于中国社会中的集体主义文化以及"不患寡,而患不均"的儒家文化,让中国员工在分配资源时更加强调"平均主义"(Bond, et al., 1982; Li, et al., 2015)。从这个角度来讲,相较于西方员工,中国员工可能会对 FSSB 差异更加在意和敏感,相应地,也会更难接受并产生更多的负面影响。另一方面,中国自实行经济体制改革后,更加强调经济目标优先。在此影响下,Chen(1995)发现中国管理者比美国管理者更加倾向于按照员工贡献大小的差异化方式来分配社会情感资源。这意味着,在当前中国情境下探究 FSSB 差异可能更具有切题性。综合上述两个方面的原因,后续研究可以在强调个体主义文化的西方社会中进行,以拓展 FSSB 差异的跨文化适应性研究。

第三,本书在理论的阐述过程中较多地依赖了公平理论,然而,本书并没有对FSSB差异所引起的不公平感进行直接检验。尽管相关的差异化领导研究也采用了相似的做法，例如，Liao等(2010)依据公平理论解释LMX差异作为团队中的情境变量抑制LMX有效性的研究，Wu等学者(2010)基于公平理论阐述差异化变革型领导通过影响集体效能进而影响团队有效性的研究，都没有直接检验与公平感相关的变量。但为了增强研究结论的说服力，建议未来研究引入个体感知的公平感(如分配公平等)或者团队层面共享的公平感(如公平氛围等)来构建理论模型，并探讨这些变量所发挥的中介作用或调节作用。

第四，为了有效避免由于情境限制(如行业和区域的有限性)而对研究普适性的影响(Rousseau & Fried, 2000)，本书选择了一个相当异质的样本，来自于17家中国企业的项目团队，所属的地理区域分别为一个经济特区(深圳市)、两个直辖市(上海市和北京市)、两个中部的省会城市(武汉市和合肥市)，并且涉及制造业、服务业以及建筑业等多个行业。但是，由于所采用的是方便样本，并且样本量较小，仅有69个项目团队，其研究结果的稳健性还有待加强。后续研究应收集更多的样本量进行复制研究，从而提高研究结论的普适性与稳健型。

第五，本书存在数据同源的问题。本书中FSSB、上司工作支持、员工工作敬业度、团队关系冲突和团队工作敬业度这五个变量都是由员工进行评价的，尽管这遵循了已有研究对上述构念测量的方法，但可能会增加共同方法偏差对研究结论所产生的干扰效应。为了最大程度上避免和降低这种干扰，研究者在研究设计上采取了滞后三个月时间的两阶段问卷调查方法，同时，团队层面的变量是根据成员个体感知的变量构建而成。在此基础上，研究者通过共同方法偏差检验以及验证性因子分析，并未发现同源误差对数据的分析结果产生较为严重的影响。但建议后续研究采用实验的方法或纵向跟踪的方法进行更为严格的检验，以增强研究结果的内部效度。

第六，本书没有对文化价值观的相关变量进行考察。虽然本书在理论的演绎过程中强调了中国的集体主义文化以及"不患寡，而患不均"的儒家文化，但并没有引入相关的变量进行直接检验。未来研究应考察集体主义文化、和谐导向、中庸思维等代表中国传统文化的情境变量对 FSSB 差异的影响，进而拓展 FSSB 差异在特定文化情境中的权变性。

6.6 本章小结

在第 3 章和第 4 章揭示了个体层次中 FSSB 影响员工工作敬业度的不同作用机制后，鉴于丰富 FSSB 的多层次理论体系和指导 FSSB 应用于工作团队的迫切需要，本章提出了 FSSB 差异的构念。在此基础上，本章基于公平理论，检验了 FSSB 差异对成员个体感知的 FSSB 与员工工作敬业度之间的关系中所起的调节效应。不仅如此，本章基于团队工作敬业度涌现模型，考察了 FSSB 差异对团队工作敬业度的影响，以及团队关系冲突在两者关系中的中介作用。通过滞后期间为 3 个月的两阶段问卷调查法，搜集了 69 个项目团队中 277 名团队成员的数据，研究发现：

第一，FSSB 差异对 FSSB 与员工工作敬业度之间的关系具有调节作用。表现为，FSSB 差异越小，FSSB 对员工工作敬业度的积极影响越强。

第二，FSSB 差异与团队工作敬业度之间存在显著的负向关系。

第三，团队关系冲突在 FSSB 差异和团队工作敬业度之间起到了中介作用。

第 7 章 总结与展望

激发员工的工作敬业度不仅有利于员工的身心健康,并增强其主观幸福感,也是提高个体工作绩效和组织经营绩效的有力保障,进而有助于组织在全球化竞争的浪潮中获得持续的竞争优势。因此,如何有效地激励员工敬业已成为组织管理的学者们和实践者们共同关心的重要问题。近年来,我国员工日渐凸显的工作敬业度缺失问题在一定程度上说明,传统的只关注员工工作需求、忽视员工家庭生活需求的管理模式已无法有效地激励我国员工敬业。究其原因,随着中国经济的持续发展和物质生活水平的不断改善,我国员工对工作的期望已不再局限于经济性薪酬和职业发展机会,也包括平衡的工作与家庭生活。基于此,本书聚焦于旨在帮助员工平衡好工作与家庭关系的家庭支持型上司行为(FSSB),主要的研究目的是探讨在我国文化背景下,FSSB 对员工工作敬业度的作用效果、内在机制及其边界条件,同时,进一步探讨 FSSB 差异对团队工作敬业度的影响及其内在机制。通过三个实证研究共同完成了上述研究目标,取得了一些创新的且具有价值的研究结论,拓展了 FSSB 与工作敬业度领域的理论研究,但同时也产生了一些新的问题,值得在后续研究中进行探讨。

7.1 总体研究结论

第一,控制了上司的工作支持后,FSSB 对员工工作敬业度依然具有显著的正向影响,同时,FSSB 可以通过工作→家庭增益和家庭→工作增益来对员工工作敬业度产生积极影响。该研究结论表明，在我国较强的扩散型文化背景下，FSSB 能够有效地激发我国员工的工作敬业度，从而为我国企业在社会转型期激励员工敬业提供一种经济高效、可操作性强的干预措施。同时，FSSB 也能够显著地增强我国员工对双向工作-家庭增益的体验和感知，这不仅有利于激励员工敬业，也有助于提升员工的生活幸福感。因此，企业应制订专门的 FSSB 培训计划，不断地提升管理者执行 FSSB 的能力，进而让员工感知到较高水平的 FSSB。

第二，控制了上司的工作支持后，FSSB 与感恩图报呈显著的正相关，感恩图报在 FSSB 与员工工作敬业度的关系中发挥着部分中介作用。此外，员工的权力距离倾向不仅负向调节了 FSSB 对感恩图报的积极影响，也负向调节了感恩图报在 FSSB 与员工工作敬业度之间的中介效应。此研究结论说明，在儒家"感恩与报恩"的互惠规范影响下，FSSB 能够通过激发中国员工特有的积极情绪——感恩图报，进而对工作敬业度产生积极影响。这就要求管理者在对中国员工执行 FSSB 时，不应提醒下属回报自己，而应做到儒家文化中所倡导的"施恩勿念"。唯有如此，才能使员工"受恩莫忘"，才能真正激发员工对上司产生真挚的感恩并意欲回报的积极情绪。同时，研究结论显示，相对于权力距离倾向较高的员工，权力距离倾向较低的员工对 FSSB 更加期待，这表明 FSSB 对于管理权力距离倾向普遍较低的新生代员工具有重要的作用。

第三，FSSB 差异作为团队中的情境因素，削弱了 FSSB 对员工工作敬业度的正向影响。具体表现为，在 FSSB 差异越小的团队中，FSSB 对员工工作敬业度的正向影响越强。同时，FSSB 差异作为团队中的输入因素，通过增加团队关系冲突进而导致团队工作敬业度的降低。该研究结论表明：在我国集体主义文化的情境中，作为团队管理者，在对团队成员实施属于社会情感资源的 FSSB 时，不宜厚此薄彼。首先，团队上司应通过有效的沟通方式去了解成员的不同需求，并根据需求尽可能让每位成员都感知到自己获得了较高水平 FSSB 的支持，进而在源头上减少 FSSB 差异。其次，团队上司应公平地对待所有下属成员，尤其应注重互动公平和程序公平。在公平的团队氛围中，让每位下属成员感知到得到 FSSB 支持的机会是均等的，进而降低一些无法避免的 FSSB 差异由于违背平等原则而给成员带来的不公平感。最后，团队上司应鼓励成员之间加强沟通与理解，帮助成员之间建立和谐的人际关系，进而提升整个团队的工作敬业度。

7.2 理论启示

第一，实证研究一基于资源-获取-发展理论，验证了 FSSB 对员工工作敬业度的直接影响以及双向工作-家庭增益在两者之间的中介效应。通过此研究，本书突破了现有文献的关注点，不仅将激励员工敬业的影响因素从工作资源拓展至边界跨越资源，也为工作敬业度的形成机理提供了新的理论视角，进而丰富了过往主要依据工作要求-资源模型来探讨工作领域内资源促进员工敬业的研究。同时，发现了双向工作-家庭增益在 FSSB 和员工工作敬业度之间所起的中介作用，从而揭开了边界跨越资源与员工工作敬业度之间的"黑箱"。此外，Wayne 等(2007)依据资源-获取-发展理论构建的模型，提出了上司针对工作的一般性支持是提升工作→家庭增益的重要资源之一，而并没有提及上司针对家庭的专门性支持。本书将上司的工作支持控制后，发现上司针对家庭的专门性支持——FSSB 可以显著地增强员工的工作→家庭增益与家庭→工作增益，从而在一定程度上丰富了资源-获取-发展模型。

第二，实证研究二基于儒家"感恩与报恩"的互惠规范并结合社会交换理论，发现感恩图报是 FSSB 影响员工工作敬业度的本土化中介机制，并且揭示了员工权力距离倾向在 FSSB-感恩图报-员工工作敬业度这一内在机制中所发挥的调节作用。通过此项研究，本书首先在实证研究一的基础上，进一步明晰了 FSSB 与员工工作敬业度之间的中介机制，丰富了员工工作敬业度的形成机理。更为重要的是，在影响中华民族生命底色的儒家思想中探寻出了 FSSB 激励我国员工敬业的内在"释意系统"，从而拓展了

FSSB 领域的跨文化研究。其次，过往以社会交换理论解释上司与下属进行社会交换的实证研究中，主要以下属对 LMX 的认知判断作为中介变量，却忽视了下属的情绪作用。本书揭示了中国员工特有的积极情绪——感恩图报是上下级进行社会交换的有效传导机制，同时，也验证了西方的社会交换理论与儒家的"感恩与报恩"互惠规范可以适配并交融，从而对社会交换理论做出了一定的贡献。最后，发现了员工权力距离倾向不仅抑制了 FSSB 对感恩图报的积极影响，也削弱了感恩图报在 FSSB 与员工工作敬业度之间的中介效应。这不仅从个体文化价值观的角度拓展了 FSSB 有效性的边界条件，也厘清了 FSSB 在中国文化情境下的权变性和适应性，从而进一步深化了 FSSB 理论的跨文化研究。

第三，实证研究三中，本书鉴于指导管理者如何在团队情境中有效开展 FSSB 的现实需求以及拓宽 FSSB 多层次研究视角的理论需要，通过考量西方的 LMX 理论、中国的差序式领导理论以及 FSSB 本身属于个性化领导行为的属性，提出了 FSSB 差异的构念。在此基础上，本书基于公平理论，发现 FSSB 差异作为团队情境变量抑制了 FSSB 对员工工作敬业度的积极影响；同时，基于团队工作敬业度涌现模型，验证了 FSSB 差异作为团队输入变量，通过增加团队关系冲突进而降低了团队工作敬业度。通过上述研究，本书将目前学术界仅局限在个体层面探讨 FSSB 及其作用效果的研究拓展至团队层面，一方面将 FSSB 差异作为团队情境因素，丰富了 FSSB 影响员工工作敬业度的边界条件；另一方面将 FSSB 差异作为团队输入因素，拓展了团队管理者执行 FSSB 对整个团队的影响效果及其内在机制。这不仅丰富了 FSSB 的多层面研究体系，也拓展了差异化领导行为的类型，进而对差异化领导理论做出了一定的贡献。同时，目前学者们聚焦于探讨如何促进员工敬业，而忽视了关注如何激励团队敬业。现有少量关于团队工作敬业度的实证研究并未将员工与团队工作敬业度进行本质的区分，仍依据工作-要求资源模型来阐述团队工作敬业度的形成机理，忽视了团队人际互动过程对团队工作敬业度产生的影响。本书通过对团队工作敬业度涌现模型的实证检验，弥补了现有相关研究的局限性。此外，本书从 FSSB 差异的角度出发，发现团队关系冲突作为团队人际互动过程的关键因素，在FSSB差异与团队工作敬业度之间的中介作用，从而也在一定程度上丰富了团队工作敬业度涌现模型。

7.3 研究不足与展望

尽管本书在理论构建与实证设计方面力求严谨，但是受调研难度、研究者能力与资源等因素的限制，仍然存在一定的不足与局限性，这也为在后续研究中进一步拓展和完善提供了可能。

第一，研究概念与模型的局限与展望。首先，本书所聚焦的FSSB构念是在西方文化背景下提出的，在中国情境下，其是否包括特殊的内容与维度值得未来研究进行进一步的探讨。其次，本书关注的是FSSB整体构念。虽然过往研究也采用了一致的方法，但是FSSB涵盖了情感支持、工具支持、角色模范和创新管理四个维度。后续研究可以通过比较这四个维度对员工工作敬业度影响的强弱，以及分维度探讨是否存在不同的内在机制与相关的边界条件，以进一步夯实FSSB与员工工作敬业度关系的研究。再次，本书仅关注了团队成员对FSSB感知的差异，而没有考虑团队成员共享的FSSB。根据多层面研究范式，未来研究可以将关注成员个体的情感支持与工具支持两个维度构造为FSSB差异，将偏向于所有成员的角色模范与创新管理两个维度聚合为团队共享FSSB，并深入探究两者之间的交互效应，以进一步完善FSSB的多层面理论体系。最后，本书探讨的FSSB差异问题可能存在情境的限制。一方面，中国集体主义文化与"不患寡，而患不均"的儒家思想可能会使中国员工对FSSB差异更加在意与敏感；另一方面，中国的管理者自改革开放以来，受"经济目标优先"政策的影响，可能会更加偏好于按照员工绩效水平的高低来执行差异化的FSSB。上述两个方面在一定程度上说明，在当前中国情境下探究FSSB差异可能更具有切题性。未来研究可以在不同于中国情境的西方社会中进行，并开展中西方FSSB差异的比较研究，以拓展FSSB差异的跨文化适应性研究。

第二，研究方法的局限与展望。首先，本书存在数据同源问题。本书遵循了模型中所涉及变量的现有测量方法，所有变量(除团队层面的控制变量)均有员工评价，这可能会增加共同方法偏差以及社会社会称许效应对研究结论所产生的干扰效应。为了最大程度上避免和降低这种干扰，本书采用了间隔期为3个月的两阶段问卷调查方法，同时，团队层面的变量根据员工感知的变量进行构建和聚合而成。在此基础上，后期也采用了一定的技术方法进行检验，并未发现同源误差对数据的分析结果产生了较为严重的影响。但建议后续研究采用实验的方法或纵向跟踪的方法进行更为严格的检验，以增强研究结论的说服力。其次，本书的样本选择存在一定的局限性。本书采用了一个相当异质的样本，分别来自国内5个不同省份的17家企业，并且涉及制造业、服务业以及建筑业等多个行业，从而有效地避免了行业、地理区域等情境限制对研究结论普适性的影响。但是，由于采用滞后3个月的两阶段配对问卷调查方式增加了收集数据的难度，本书没有进行完全随机化的抽样，而是选择了方便样本。同时，样本量较小，可能会影响研究结论的稳健性。因此，建议后续研究收集更多的样本量进行复制研究，进而提高研究结论的稳健性。最后，本书仅通过问卷调查法进行实证研究获得了对FSSB差异现象的理解。虽然这种方法符合目前差异化领导的研究范式，但仅采用问卷调查法显然是不够扎实的。后续研究应采用更为严谨的"扎根"研究范式，通过观察与访谈企业工作团队中的FSSB差异现象，提炼出理论观点并进行实证检验，会取得更具有启发性的研究成果。

第三，文化的局限与展望。尽管本书试图立足于中国特殊的文化背景构建理论模型，并且明晰了感恩图报在FSSB与员工工作敬业度之间的中介作用；揭示了员工权力距离倾向不仅抑制了FSSB对感恩图报的正向影响，也削弱了感恩图报在FSSB与员工工作敬业度之间关系中的中介效应；基于中国扩散型文化，探讨了FSSB应用于中国情境的可行性以及双向工作-家庭增益在FSSB与员工工作敬业度之间的可能性；基于中国集体主义文化与"不患寡，而患不均"的儒家均等主义思想，提出了在中国情境下具有切题性的 FSSB 差异概念，并进行了相关实证研究，但是，仍然无法完全体现中国上下五千年博大精深又充满魅力的文化内涵。还有很多文化变量值得在后续研究中深入探讨，如集体主义、传统性和中庸思维等。

参 考 文 献

[1] Aiken L S, West S G. Multiple regression: testing and interpreting interactions[M]. Thousand Oaks, CA: Sage, 1991: 28-47.

[2] Algoe S B, Stanton A L. Gratitude when it is needed most: social functions of gratitude in women with metastatic breast cancer[J]. Emotion, 2012, 12(1): 163-168.

[3] Algoe S B, Way B. Evidence for a role of the oxytocin system, indexed by genetic variation in CD38, in the social bonding effects of expressed gratitude[J]. Social Cognitive and Affective Neuroscience, 2014, 9(12): 1855-1861.

[4] Allis P, O'Driscoll M. Positive effects of nonwork-to-work facilitation on well-being in work, family, and personal domains[J]. Journal of Managerial Psychology, 2008, 23: 273-291.

[5] Amason A C. Distinguishing effects of functional and dysfunctional conflict on strategic decision making: resolving a paradox for top management teams[J]. Academy of Management Journal, 1996, 39(1): 123-148.

[6] Anderson M H. The role of group personality composition in the emergence of task and relationship conflict within groups[J]. Journal of Management and Organization, 2009, 15(1): 82-96.

[7] Aryee S, Chu C W L, Kim T Y, et al. Family-supportive work environment and employee work behaviors: an investigation of mediating mechanisms[J].

Journal of Management, 2013, 39(3): 792-813.

[8] Aryee S, Srinivas E S, Tan H H. Rhythms of life: antecedents and outcomes of work-family balance among employed parents[J]. Journal of Applied Psychology, 2005, 90(1): 132-146.

[9] Bakker A B, Albrecht S. Work engagement: current trends[J]. Career Development International, 2018, 23, 4-11.

[10] Bagger J, Li A. How does supervisory family support influence employees' attitudes and behaviors? A social exchange perspective[J]. Journal of Management, 2014, 40(4): 1123-1150.

[11] Bakker A B, Demerouti E. The job demands-resources model: state of the art[J]. Journal of Managerial Psychology, 2007, 22(3): 309-328.

[12] Bakker A B, Demerouti E. Towards a model of work engagement[J]. Career Development International, 2008, 13(3): 209-223.

[13] Bakker A B, Oerlemans W. Subjective well-being in organizations[M]//Cameron K S, Spreitzer G M (eds.). The Oxford Handbook of Positive Organizational Scholarship. New York: Oxford University Press, 2011: 178-189.

[14] Bakker A B, Schaufeli W B. Positive organizational behavior: engaged employees in flourishing organizations[J]. Journal of Organizational Behavior, 2008, 29(2): 147-154.

[15] Bakker A B, Demerouti E, Burke R. Workaholism and relationship quality: a spillover-crossover perspective[J]. Journal of Occupational Health Psychology, 2009, 14: 23-33.

[16] Bakker A B, Demerouti E, Dollard M F. How job demands affect partners' experience of exhaustion: integrating work-family conflict and crossover theory[J]. Journal of Applied Psychology, 2008, 93: 901-911.

[17] Bakker A B, Hakanen J J, Demerouti E, et al. Job resources boost work engagement, particularly when job demands are high[J]. Journal of Educa-

tional Psychology, 2007, 99(2): 274-284.

[18] Bakker A B, Van Emmerik H, Euwema M C. Crossover of burnout and engagement in work teams[J]. Work and Occupations, 2006, 33(4), 464-489.

[19] Bal P M, Dorien T A, Kooij, M, et al. How do developmental and accommodative HRM enhance employee engagement and commitment? The role of psychological contract and SOC strategies[J]. Journal of Management Studies, 2013, 50(4): 545-572.

[20] Baral R, Bhargava S. Work-family enrichment as a mediator between organizational interventions for work-life balance and job outcomes[J]. Journal of Managerial Psychology, 2010, 25(3): 274-300.

[21] Baral R, Bhargava S. Work-family enrichment as a mediator between organizational interventions for work-life balance and job outcomes[J]. Journal of Managerial Psychology, 2010, 25: 274-300.

[22] Barnett R C. Toward a review and reconceptualization of the work/family literature[J]. Genetic, Social, and General Psychology Monographs, 1998, 124: 125-182.

[23] Bartlett M Y, DeSteno D. Gratitude and prosocial behavior: helping when it costs you[J]. Psychological Science, 2006, 17(4): 319-325.

[24] Beehr T A, Glazer S. A cultural perspective of social support in relation to occupational stress[M]// Perrewe P, Ganster D C, Moran J(eds.). Research in Occupational Stress and Well-being. Greenwich, CT: JAI Press, 2001: 97-142.

[25] Bhargava S, Baral R. Antecedents and consequences of work-family enrichment among Indian managers[J]. Psychological Studies, 2009, 54(3), 213-225.

[26] Blau P M. Exchange and power in social life[M]. New York: John Wiley, 1964.

[27] Bolger N, DeLongis A, Kessler R C, et al. The contagion of stress across multiple roles[J]. Journal of Marriage and Family, 1989, 51: 175-183.

[28] Bond M H, Leung K, Wan K C. How does cultural collectivism operate? The impact of task and maintenance contribution on reward allocation[J]. Journal of Cross-Cultural Psychology, 1982, 13(2): 186-200.

[29] Breaugh J, Frye N. Work-family conflict: the importance of family-friendly employment practices and family-supportive supervisors[J]. Journal of Business and Psychology, 2008(4): 345-353.

[30] Brislin R W. Translation and content analysis of oral and written materials [M]// Triandis H C, Berry J W(eds.). Handbook of Cross-cultural Psychology. Boston, MA: Allyn and Bacon, 1986: 389-444.

[31] Broeck A V, Vansteenkiste M, Witte H D, et al. Explaining the relationships between job characteristics, burnout, and engagement: the role of basic psychological need satisfaction [J]. Work & Stress, 2008, 22(3): 277-294.

[32] Buckingham M, Coffman C. Mind games[J]. Across the Board, 2000(9): 10.

[33] Butts M M, Casper W J, Yang T S. How important are work-family support policies? A meta-analytic investigation of their effects on employee outcomes [J]. Journal of Applied Psychology, 2013, 98(1): 1-25.

[34] Cameron K, Dutton J E, Quinn R E. Positive organizational scholarship: foundations of a new discipline [M]. San Francisco: Berrett-Koehler, 2003.

[35] Carlson D S, Grzywacz J G, Kacmar K M. The relationship of schedule flexibility and outcomes via the work-family interface[J]. Journal of Managerial Psychology, 2010, 25: 330-355.

[36] Carlson D S, Hunter E M, Ferguson M, et al. Work-family enrichment and satisfaction: mediating processes and relative impact of originating and

receiving domains[J]. Journal of Management, 2014, 40(3): 845-865.

[37] Carlson D S, Kacmar K M, Wayne J H, et al. Measuring the positive side of the work-family interface: development and validation of a work-family enrichment scale[J]. Journal of Vocational Behavior, 2006, 68(1): 131-164.

[38] Carlson D S, Thompson M J, Crawford W S, et al. Spillover and crossover of work resources: a test of the positive flow of resources through work-family enrichment[J]. Journal of Organizational Behavior, 2019, 40(6): 709-722.

[39] Chen C C. New trends in rewards allocation preferences: a Sino-U. S. comparison[J]. Academy of Management Journal, 1995, 38(2): 408-428.

[40] Chen Z, Powell G N, Greenhaus J H. Work-to-family conflict, positive spillover, and boundary management: a person-environment fit approach [J]. Journal of Vocational Behavior, 2009, 74: 82-93.

[41] Cheng B S, Chou L F, Wu T Y, et al. Paternalistic leadership and subordinate responses: establishing a leadership model in Chinese organizations [J]. Asian Journal of Social Psychology, 2004, 7(1): 89-117.

[42] Cinamon R G, Rich Y. Work family relations: antecedents and outcomes [J]. Journal of Career Assessment, 2010, 18(1): 59-70.

[43] Clark S C. Work cultures and work/family balance[J]. Journal of Vocational Behavior, 2001, 58(3): 348-365.

[44] Clugston M, Howell J P, Dorfman P W. Does cultural socialization predict multiple bases and foci of commitment[J]. Journal of Management, 2000, 26(1): 5-30.

[45] Cole M S, Bedeian A G. Leadership consensus as a cross-level contextual moderator of the emotional exhaustion-work commitment relationship[J]. The Leadership Quarterly, 2007, 18(5): 447-462.

[46] Colquitt J A. On the dimensionality of organizational justice: a construct validation of a measure[J]. Journal of Applied Psychology, 2001, 86(3), 386-400.

[47] Colquitt J A, Jackson C L. Justice in teams: the context sensitivity of justice rules across individual and team contexts[J]. Journal of Applied Social Psychology, 2006, 36(4), 870-901.

[48] Colquitt J A, Conlon D E, Wesson M J, et al. Justice at the millennium: a meta-analytic review of 25 years of organizational justice research[J]. Journal of Applied Psychology, 2001, 86(3), 425-445.

[49] Colquitt J A, Scott B A, Rodell J B, et al. Justice at the millennium, a decade later: a meta-analytic test of social exchange and affect-based perspectives[J]. Journal of Applied Psychology, 2013, 98(2), 199-236.

[50] Costa P L, Passos A M. Bakker A B. Empirical validation of the team work engagement construct[J]. Journal of Personnel Psychology, 2014b, 13(1): 34-45

[51] Costa P L, Passos A M, Bakker A B. Team work engagement: a model of emergence[J]. Journal of Occupational and Organizational Psychology, 2014a, 87(2): 414-436.

[52] Crain T L, Hammer L B. Work-family enrichment: a systematic review of antecedents, outcomes, and mechanisms[J]. Advances in Positive Organizational Psychology, 2013(1): 303-328.

[53] Crain T L, Stevens S C. Family-supportive supervisor behavior: a review and recommendations for research and practice[J]. Journal of Organizational Behavior, 2018, 39(7): 869-888.

[54] Crawford E R, LePine J A, Rich B L. Linking job demands and resources to employee engagement and burnout: a theoretical extension and meta-analytic test[J]. Journal of Applied Psychology, 2010, 95(5): 834-848.

[55] Daniel S, Sonnentag S. Crossing the borders: the relationship between

boundary management, work-family enrichment and job satisfaction [J]. The International Journal of Human Resource Management, 2016, 27(4): 407-426.

[56] Daniels M A, Greguras G J. Exploring the nature of power distance: implications for micro- and macro-level theories, processes, and outcomes[J]. Journal of Management, 2014, 40(5): 1202-1229.

[57] De Dreu, C K W, Weingart L R. Task versus relationship conflict, team effectiveness and team member satisfaction: a meta-analysis[J]. Journal of Applied Psychology, 2003, 88(4): 741-749.

[58] De Wit, F R C, Greer L L, Jehn, K. A. The paradox of intragroup conflict: a meta-analysis[J]. Journal of Applied Psychology, 2012, 97(2): 360-390.

[59] Deci E L, Ryan R M. The general causality orientations scale: self-determination in personality [J]. Journal of Research in Personality, 1985, (2): 109-134.

[60] Degoey P. Contagious justice: exploring the social construction of justice in organizations[J]. Research in Organizational Behavior, 2000, (22): 51-102.

[61] Demerouti E. The spillover and crossover of resources among partners: the role of work-self and family-self facilitation [J]. Journal of Occupational Health Psychology, 2012, 17(2): 184-195.

[62] Demerouti E, Bakker A B, Nachreiner F, et al. The job demands-resources model of burnout [J]. Journal of Applied Psychology, 2001, 86(3): 499-512.

[63] Deutsch M. Equity, equality, and need: what determines which value will be used as the basis of distributive justice? [J]. Journal of Social Issues, 1975, 31(3): 137-149.

[64] Dienesch R M, Liden R C. Leader-member exchange model of leadership:

a critique and further development[J]. Academy of Management Review, 1986, 11(3): 618-634.

[65] Dorfman P W, Howell J P. Dimensions of national culture and effective leadership patterns: hofstede revisited[M]// McGoun E G(eds.). Advances in International Comparative Management. Greenwich: JAI Press, 1988: 127-150.

[66] Dulac T, Coyle-Shapiro J A M, Henderson D J, et al. Not all responses to breach are the same: the interconnection of social exchange and psychological contract processes in organizations[J]. Academyof Management Journal, 2008, 51(6): 1079-1098.

[67] Eby L T, Casper W J, Lockwood A, et al. Work and family research in IO/OB: content analysis and review of the literature (1980-2002)[J]. Journal of Vocational Behavior, 2005, 66: 124-197.

[68] Emmons R A, McCullough M E. Counting blessings versus burdens: an experimental investigation of gratitude and subjective well-being in daily life [J]. Journal of Personality and Social Psychology, 2003, 84(2): 377-389.

[69] Emmons R A, Shelton C M. Gratitude and the science of positive psychology[M]// Synder C R, Lopez S J (eds.). Handbook of Positive Psychology. New York: Oxford University Press, 2005: 459-471.

[70] Emmons R A, Stern R. Gratitude as a psychotherapeutic intervention[J]. Journal of Clinical Psychology, 2013, 69(8): 846-855.

[71] Erdogan B, Bauer T N. Differentiated leader-member exchanges: the buffering role of justice climate[J]. Journal of Applied Psychology, 2010, 95(6): 1104-1120.

[72] Farh J L, Cheng B S. A cultural analysis of paternalistic leadership in Chinese organizations[M]// Li J T, Tsui A S, Weldon E(eds.). Management and Organizations in the Chinese Context. London: Macmillan, 2000.

[73] Farh J L, Hackett R D, Liang J. Individual-level cultural values as moderators of perceived organizational support-employee outcome relationships in China: comparing the effects of power distance and traditionality[J]. Academy of Management Journal, 2007, 50(3): 715-729.

[74] Festinger L. A theory of social comparison processes[J]. Human Relations, 1954, 7(2), 117-140.

[75] Fiedler F E. A theory of leadership effectiveness[M]. New York: McGraw-Hill, 1967.

[76] Fischer A H, Roseman I J. Beat them or ban them: the characteristics and social functions of anger and contempt[J]. Journal of Personality and Social Psychology, 2007, 93(1): 103-115.

[77] Foley S, Linnehan F, Greenhaus J H, et al. The impact of gender similarity, racial similarity, and work culture on family-supportive supervision [J]. Group & Organization Management, 2006, 31(4): 420-441.

[78] Frone M R. Work-family balance[M]// Quick J C, Tetrick L E (eds.). Handbook of Occupational Health Psychology. Washington, DC: American Psychological Association, 2003: 143-162

[79] Frone M R, Russell M, Cooper M L. Antecedents and outcomes of work-family conflict: testing a model of the work-family interface[J]. Journal of Applied Psychology, 1992, 77: 55-78.

[80] Gareis K C, Barnett R C, Ertel K A, et al. Work-family enrichment and conflict: additive effects, buffering, or balance? [J]. Journal of Marriage and Family, 2009, 71: 696-707.

[81] Glazer S. Social support across cultures[J]. International Journal of Intercultural Relations, 2006, 30(5): 605-622.

[82] Goode W J. A theory of role strain [J]. American Sociological Review, 1960, 25: 483-496.

[83] Gouldner A W. The norm of reciprocity: a preliminary statement[J].

American Sociological Review, 1960, 25(2): 161-178.

[84] Greenberg J. Approaching equity and avoiding inequity in groups and organizations[M]// Greenberg J, Cohen R L (eds.). Equity and Justice in Social Behavior. New York, NY: Academic Press, 1982: 389-435.

[85] Greenberg J, Ashton-James C, Ashkanasy N M. Social comparison processes in organizations[J]. Organizational Behavior and Human Decision Processes, 2007, 102(1): 22-41.

[86] Greenhaus J H, Kossek E E. The contemporary career: a work-home perspective[J]. Annual Review of Organizational Psychology and Organizational Behavior, 2014, 1(1): 361-388.

[87] Greenhaus J H, Powell G N. When work and family are allies: a theory of work-family enrichment[J]. Academy of Management Review, 2006, 31(1): 72-92.

[88] Greenhaus J H, Powell G N. The family-relatedness of work decisions: a framework and agenda for theory and research[J]. Journal of Vocational Behavior, 2012, 80: 246-255.

[89] Greenhaus J H, Ziegert J C, Allen, T. D. When family-supportive supervision matters: relations between multiple sources of support and work-family balance[J]. Journal of Vocational Behavior, 2012, 80(2): 266-275.

[90] Grzywacz J G, Carlson D S. Conceptualizing work-family balance: implications for practice and research[J]. Advances in Developing Human Resources, 2007, 9: 455-471.

[91] Grzywacz J G. Work-family positive spillover and health during midlife: is managing conflict everything?[J]. American Journal of Health Promotion, 2000, 14: 236-243.

[92] Grzywacz J G, Bass B L. Work, family, and mental health: testing different models of work-family fit[J]. Journal of Marriage and Family, 2003, 65: 248-262.

[93] Grzywacz J G, Butler A B. The impact of job characteristics on work-family facilitation: testing a theory and distinguishing a construct[J]. Journal of Occupational Health Psychology, 2005, 10: 97-109.

[94] Halbesleben J R B, Harvey J, Bolino M C. Too engaged? A conservation of resources view of the relationship between work engagement and work interference with family[J]. Journal of Applied Psychology, 2009, 94(6): 1452-1465.

[95] Hammer L B, Cullen J C, Neal M B, et al. The longitudinal effects of work-family conflict and positive spillover on depressive symptoms among dual-earner couples[J]. Journal of Occupational Health Psychology, 2005, 10: 138-154.

[96] Hammer L B, Kossek E E, Anger W K, et al. Clarifying work-family intervention processes: the roles of work-family conflict and family-supportive supervisor behaviors[J]. Journal of Applied Psychology, 2011, 96(1): 134-150.

[97] Hammer L B, Kossek E E, Bodner E T, et al. Measurement development and validation of the family supportive supervisor behavior short-form (FSSB-SF)[J]. Journal of Occupational Health Psychology, 2013, 18(3): 285-296.

[98] Hammer L B, Kossek E E, Yragui N L, et al. Development and validation of a multidimensional measure of family-supportive supervisor behaviors (FSSB)[J]. Journal of Management, 2009, 35(4): 837-856.

[99] Hammer L B, Kossek E E, Zimmerman K, et al. Clarifying the construct of family-supportive supervisory behaviors (FSSB): a multilevel perspective [M]// Perrewé P L, Ganster D C (eds.). Exploring the Work and Nonwork Interface. Amsterdam: Elsevier, 2007: 165-204.

[100] Harrison D A, Klein K J. What's the difference? Diversity constructs as separation, variety, or disparity in organizations[J]. Academy of Man-

agement Review, 2007, 32(4): 1199-1228.

[101] Harter J K, Schmidt F L, Hayes T L. Business-unit-lever relationship between employee satisfaction, employee engagement, and business outcomes: a meta-analysis[J]. Journal of Applied Psychology, 2002, 87(2): 268-279.

[102] Hayes A F. Introduction to mediation, moderation, and conditional process analysis: a regression-based approach[M]. New York: The Guilford Press, 2013.

[103] Hecht T D, Boies K. Structure and correlates of spillover from nonwork to work: an examination of nonwork activities, well-being, and work outcomes[J]. Journal of Occupational Health Psychology, 2009, 14: 414-426.

[104] Heider F. The psychology of interpersonal relations[M]. New York: Wiley, 1958.

[105] Hobfoll S E. Conservation of resources: a new attempt at conceptualizing stress[J]. American Psychologist, 1989, 44(3): 513-524.

[106] Hofmann D A, Gavin M B. Centering decisions in hierarchical linear models: implications for research in organizations[J]. Journal of Management, 1998(5): 623-641.

[107] Hofstede G. Culture's consequences: international differences in work-related values[M]. Sage, CA: Beverly Hills, 1980.

[108] Hooper D T, Martin R. Beyond personal leader-member exchange (LMX) quality: the effects of perceived LMX variability on employee reactions[J]. The Leadership Quarterly, 2008, 19(1): 20-30.

[109] Hopkins K M. Interactions of gender and race in workers' help seeking for personal/family problems: perceptions of supervisor support and intervention[J]. The Journal of Applied Behavioral Science, 2002, 38(2): 156-176.

[110] Hwang D B, Goleman P L, Chen Y, et al. Guanxi and business ethics in Confucian society today: an empirical case study in Taiwan[J]. Journal of Business Ethics, 2009, 89(2): 235-250.

[111] Hwang K K. Face and favor: the Chinese power game[J]. American Journal of Sociology, 1987, 92: 944-974.

[112] Ilgen D R, Hollenbeck J R, Johnson M D, et al. Teams in organizations: from input-process-output models to IMOI models[J]. Annual Review of Psychology, 2005, 56: 517-543.

[113] James J B, McKechnie S P, Swanberg J. Predicting employee engagement in an age-diverse retail workforce[J]. Journal of Organizational Behavior, 2011, 32(2): 173-196.

[114] Jehn K A, Mannix, E A. The dynamic nature of conflict: a longitudinal study of intragroup conflict and group performance[J]. Academy of Management Journal, 2001, 44: 238-251.

[115] Jehn K A. A multimethod examination of the benefits and determinants of intragroup conflict[J]. Administrative Science Quarterly, 1995, 40(2): 256-282.

[116] Jehn K A. Intragroup conflict in organizations: a contingency perspective on the conflict-outcome relationship[J]. Research in Organizational Behavior, 2003(25): 187-242.

[117] Jehn K, Northcraft G, Neale M. Why differences make a difference: a field study of diversity, conflict, and performance in workgroups[J]. Administrative Science Quarterly, 1999, 44(4): 741-763.

[118] Kahn W A. Psychological conditions of personal engagement and disengagement[J]. Academy of Management Journal, 1990, 33(4): 692-724.

[119] Kinnunen U, Feldt T, Geurts S, et al. Types of work-family interface: well-being correlates of negative and positive spillover between work and family[J]. Scandinavian Journal of Psychology, 2006, 47: 149-162.

[120] Kirkman B L, Chen G, Farh J L, et al. Individual power distance orientation and follower reactions to transformational leaders: a cross-level, cross cultural examination[J]. Academy of Management Journal, 2009, 52(4): 744-764.

[121] Klein K J, Kozlowski S W J. From micro to meso: critical steps in conceptualizing and conducting multilevel research[J]. Organizational Research Methods, 2000, 3(3): 211-236.

[122] Klein K, Dansereau J F, Hall R J. Levels issues in theory development, data collection, and analysis[J]. Academy of Management Review, 1994, 19(2): 195-229.

[123] Kossek E E, Pichler S, Bodner T, et al. Workplace social support and work-family conflict: a meta-analysis clarifying the influence of general and work-family-specific supervisor and organizational support[J]. Personnel Psychology, 2011, 64(2): 289-313.

[124] Kossek E E, Baltes B B, Matthews R A. How work-family research can finally have an impact in the workplace[J]. Industrial and Organizational Psychology, 2011, 4(2): 352-359.

[125] Kossek E E, Lewis S, Hammer L B. Work-life initiatives and organizational change: overcoming mixed messages to move from the margin to the mainstream[J]. Human Relations, 2010, 61(3): 3-19.

[126] Kossek E E, Pichler S, Bodner T, et al. Workplace social support and work-family conflict: a meta-analysis clarifying the influence of general and work-family-specific supervisor and organizational support[J]. Personnel Psychology, 2011, 64(2): 289-313.

[127] Kozlowski S W J, Chao G. The dynamics of emergence: cognition and cohesion in work teams, managerial and decision economics[J]. 2012, 33(5-6): 335-354.

[128] Kozlowski S W J, Klein K J. A multilevel approach to theory and research

in organizations-Contextual, temporal and emergent processes [M]// Klein K J, Kozlowski S W J (eds.). Multilevel Theory, Research and Methods in Organizations. San Francisco, CA: Jossey-Bass, 2000: 3-90.

[129] Kozlowski S W J, Chao G T, Grand J A, et al. Advancing multilevel researchdesign: capturing the dynamics of emergence [J]. Organizational Research Methods, 2013, 16(4): 581-615.

[130] Krehbiel P J, Cropanzano R. Procedural justice, outcome favorability and emotion [J]. Social justice research, 2000, 13(4): 339-360.

[131] Lapierre L M, Allen T D. Work-supportive family, family-supportive supervision, use of organizational benefits, and problem-focused coping: implications for work-family conflict and employee well-being [J]. Journal of Occupational Health Psychology, 2006(2): 169-181.

[132] Lapierre L M, Li Y, Kwan H K, et al. A meta-analysis of the antecedents of work-family enrichment [J]. Journal of Organizational Behavior, 2018, 39(4): 385-401.

[133] Le Blanc, P M, Gonzalez-Roma V. A team level investigation of the relationship between leader-member exchange (LMX) differentiation, and commitment and performance [J]. The Leadership Quarterly, 2012, 23(3): 534-544.

[134] Leventhal G S. What should be done with equity theory? New approaches to the study of fairness in social relationships [M]// Gergen K J, Greenberg M S, Willis R H (eds.). Social Exchange: Advances in Theory and Research. New York, NY: Plenum Press, 1980: 27-55.

[135] Li A N, Liao H. How do leader-member exchange quality and differentiation affect performance in teams? An integrated multilevel dual process model [J]. Journal of Applied Psychology, 2014, 99(5): 847-866.

[136] Li S L, He W, Yam K C, et al. When and why empowering leadership increases followers' taking charge: a multilevel examination in China [J].

Asia Pacific Journal of Management, 2015, 32(3): 645-670.

[137] Liao H, Liu D, Loi R. Looking at both sides of the social exchange coin: a social cognitive perspective on the joint effects of relationship quality and differentiation on creativity[J]. Academy of Management Journal, 2010, 53(5): 1090-1109.

[138] Liden R C, Erdogan B, Wayne S J, et al. Leader-member exchange, differentiation, and task interdependence: implications for individual and group performance [J]. Journal of Organizational Behavior, 2006, 27(6): 723-746.

[139] Little L M, Gooty J, Williams M. The role of leader emotion management in leader-member exchange and follower outcomes [J]. The Leadership Quarterly, 2016, 27(1): 85-97.

[140] Lobel S A. Allocation of investment in work and family roles: alternative theories and implications for research[J]. Academy of Management Review, 1991, 16: 507-521.

[141] Locke E A, Sirota D, Wolfson A. D. An experimental case study of the successes and failures of job enrichment in a government agency[J]. Journal of Applied Psychology, 1976(6): 701-711.

[142] Lu T T, Rowley C, Vo T T. Addressing employee diversity to foster their work engagement [J]. Journal of Business Research, 2019, 95: 303-315.

[143] Lockwood P. Could it happen to you? Predicting the impact of downward comparisons on the self[J]. Journal of Personality and Social Psychology, 2002, 82(3), 343-358.

[144] Lodahl T M, Kejnar, M. The definition and measurement job involvement [J]. Journal of Applied Psychology, 1965, 49(1): 24-33.

[145] Macey W H, Schneider B. The meaning of employee engagement[J]. Industrial and Organizational Psychology, 2008(1): 3-30.

[146] Maertz C P, Boyar S L, Maloney P W. A theory of work-family conflict episode processing [J]. Journal of Vocational Behavior, 2019, 115: 103331.

[147] Marks M A, Mathieu J E, Zaccaro S J. A temporally based framework and taxonomy of team processes [J]. Academy of Management Review, 2001, 26(3): 356-376.

[148] Martin J, Harder J W. Bread and roses: justice and the distribution of financial and socioemotional rewards in organizations [J]. Social Justice Research, 1994, 7(3): 241-264.

[149] Masuda A D, McNall L A, Allen T D, et al. Examining the constructs of work-to-family enrichment and positive spillover [J]. Journal of Vocational Behavior, 2012, 80: 197-210.

[150] Matthews R A, Mills M J, Trout R C, et al. Family-supportive supervisor behaviors, work engagement, and subjective well-being: a contextually dependent mediated process [J]. Journal of Occupational Health Psychology, 2014, 19(2): 168-181.

[151] May D R, Gilson R L, Harter L M. The psychological conditions of meaningfulness, safety and availability and the engagement of the human spirit at work [J]. Journal of Occupational and Organizational Psychology, 2004, 77(1): 11-37.

[152] McCarthy A, Darcy C, Grady G. Work-life balance policy and practice: understanding line manager attitudes and behaviors [J]. Human Resource Management Review, 2010, 20(2): 158-167.

[153] McCullough M E, Emmons R A, Tsang J A. The grateful disposition: a conceptual and empiricaltopography [J]. Journal of Personality and Social Psychology, 2002, 82(1): 112-127.

[154] McNall L A, Masuda A D, Shanock L R, et al. Interaction of core self-evaluations and perceived organizational support on work-to-family enrich-

ment[J]. The Journal of Psychology, 2011, 145: 133-149.

[155] McNall L A, Nicklin J M, Masuda A. A meta-analytic review of the consequences associated with work-family enrichment[J]. Journal of Business Psychology, 2010b, 25(3): 381-396.

[156] Meng F R, Wu J N. Merit pay fairness, leader-member exchange, and job engagement: evidence from mainland China[J]. Review of Public Personnel Administration, 2015, 35(1): 47-69.

[157] Michel J S, Clark M A, Jaramillo D. The role of the Five Factor model of personality in the perceptions of negative and positive forms of work-nonwork spillover: a meta-analytic review[J]. Journal of Vocational Behavior, 2011, 79: 191-203.

[158] Michele K K. A short and valid measure of work-family enrichment[J]. Journal of Occupational Health Psychology, 2014, 19(1): 32-45.

[159] Mischel W, Shoda Y. A cognitive-affective system theory of personality: reconceptualizing situations, dispositions, dynamics and invariance in personality structure[J]. Psychological Review, 1995, 102(2): 246-268.

[160] Mohammed S, Angell L C. Surface-and deep-level diversity in workgroups: examining the moderating effects of team orientation and team process on relationship conflict[J]. Journal of Organizational Behavior, 2004, 25(8): 1015-1039.

[161] Mustapha N, Ahmad A, Uli J, et al. Work-family facilitation and family satisfaction as mediators in the relationship between job demands and intention to stay[J]. Asian Social Science, 2011b, 7: 142-153.

[162] Nahrgang J D, Morgeson F P, Hofman D A. Safety at work: a meta-analytic investigation of the link between job demands, job resources, burnout, engagement, and safety outcomes[J]. Journal of Applied Psychology, 2011, 96(1): 71-94.

[163] Nicklin J M, McNall L A. Work-family enrichment, support, and satisfaction: a test of mediation European [J]. Journal of Work and Organizational Psychology, 2013, 22(1): 67-77.

[164] Nielsen K, Daniels K. Does shared and differentiated transformational leadership predict followers' working conditions and well-being? [J]. The Leadership Quarterly, 2012, 23(3): 383-397.

[165] Odle-Dusseau H N, Britt T W, Greene-Shortridge T M. Organizational work family resources as predictors of job performance and attitudes: the process of work-family conflict and enrichment[J]. Journal of Occupational Health Psychology, 2012, 17(1): 28-40.

[166] Pelled L H, Eisenhardt K M, Xin K R. Exploring the black box: an analysis of work group diversity, conflict, and performance[J]. Administrative Science Quarterly, 1999, 44(1): 1-28.

[167] Podsakoff P M, MacKenzie S B, Lee J, et al. Common method biases in behavioral research: a critical review of the literature and recommended remedies[J]. Journal of Applied Psychology, 2003, 88(5): 879-903.

[168] Powell G N, Greenhaus J H. Sex, gender, and the work-to-family interface: exploring negative and positive interdependencies[J]. Academy of Management Journal, 2010, 53: 513-534.

[169] Powell G, Francesco A M, Ling, Y. Toward culture-sensitive theories of the work-family interface[J]. Journal of Organizational Behavior, 2009, 30(5): 597-616.

[170] Rhoades L, Eisenberger R. Perceived organizational support: a review of the literature[J]. Journal of Applied Psychology, 2002, 87(4): 698-714.

[171] Rich B L, Lepine J A, Crawford E R. Job engagement: antecedents and effects on job performance[J]. Academy of Management Journal, 2010, 53(3): 617-635.

[172] Richardson J, West M A. Engaged work teams[M]// Albrecht S L (eds.). Handbook of Employee Engagement, Perspectives Issues, Research and Practice Cheltenham. UK: Edward Elgar, 2010: 323-340.

[173] Robinson D. Engagement is marriage of various factors at work[J]. Measuring business excellence, 2007(1): 37.

[174] Rofcanin Y, Las H M, Bakker A B. Family supportive supervisor behaviors and organizational culture: effects on work engagement and performance[J]. Journal of Occupational Health Psychology, 2017, 22(2): 207-217.

[175] Rotondo D M, Kincaid J F. Conflict, facilitation, and individual coping styles across the work and family domains[J]. Journal of Managerial Psychology, 2008, 23: 484-506.

[176] Ryan R M, Deci E L. Intrinsic and extrinsic motivations: classic definitions and new directions[J]. Contemporary Educational Psychology, 2000(1): 54-67.

[177] Saks A M. Antecedents and consequences of employee engagement[J]. Journal of Managerial Psychology, 2006, 21(7): 600-619.

[178] Schaufeli W B, Bakker A B, Salanova M. The measurement of work engagement with a brief questionnaire: a cross-national study[J]. Educational and Psychological Measurement, 2006, 66(4): 701-716.

[179] Schaufeli W B, Salanova M, Gonzalez-Roma V, et al. The measurement of engagement and burnout: a two sample confirmatory factor analytic approach[J]. Journal of Happiness Studies, 2002, 3(1): 71-92.

[180] Schwartz T. The productivity paradox[J]. Harvard Business Review, 2010, 88(6): 64-69.

[181] Schyns B. Are group consensus in leader-member exchange and shared work values related to organizational outcomes[J]. Small Group Research, 2006, 37(1): 20-35.

[182] Sclaufeli W. B, Bakker A B. Job demands, job resources, and their relationship with burnout and engagement: a multi-sample study[J]. Journal of Organizational Behavior, 2004, 25(3): 293-315.

[183] Shaufeli W B, Bakker A B. Defining and measuring work engagement: bringing clarity to the concept[M]// Bakker A B, Leiter M P (eds.). Work Engagement: A Handbook of Essential Theory and Research. Hove, NY, UK: Psychology Press, 2010: 10-24.

[184] Sherony K M, Green S G. Coworker exchange: relationships between co-workers, leader-member exchange, and work attitudes[J]. Journal of Applied Psychology, 2002, 87(3): 542-548.

[185] Shore L M, Tetrick L E, Lynch P, et al. Social and economic exchange: construct development and validation[J]. Journal of Applied Social Psychology, 2006, 36(4): 837-867.

[186] Sias P M, Jablin F M. Differential superior-subordinate relations, perceptions of fairness, and coworker communication[J]. Human Communication Research, 1995, 22(1): 5-38.

[187] Sieber S D. Toward a theory of role accumulation[J]. American Sociological Review, 1974, 39: 467-478.

[188] Simons T L, Peterson R S. Task conflict and relationship conflict in top management teams: the pivotal role of intragroup trust[J]. Journal of Applied Psychology, 2000, 85(1): 102-111.

[189] Siu O, Lu J, Brough P, et al. Role resources and work-family enrichment: the role of work engagement[J]. Journal of Vocational Behavior, 2010, 77: 470-480.

[190] Solomon S. Gratitude in Judaism[M]// Emmons R A, McCullough M E (eds.). The Psychology of Gratitude. New York: Oxford University Press, 2004: 37-57.

[191] Spector P, Cooper C L, Poelmans S, et al. A cross-national comparative

sdudy of work-family stressors, working hours, and well-being: China and Latin American versus the Anglo World[J]. Personnel Psychology, 2004, 57: 119-142.

[192] Spence J R, Brown D J, Keeping L. Helpful today, but not tomorrow? Feeling grateful as a predictor of daily organizational citizenship behaviors [J]. Personnel Psychology, 2014, 67(1): 705-738.

[193] Storm K, Rothmann S. A psychometric analysis of the Utrecht Work Engagement Scale in the South African police service[J]. South African Journal of Industrial Psychology, 2003, 29(4): 231-247.

[194] Straub C. Antecedents and organizational consequences of family supportive supervisor behavior: a multilevel conceptual framework for research [J]. Human Resource Management Review, 2012, 22(1): 15-26.

[195] Sumer H C, Knight P A. How do people with different attachment styles balance work and family? A personality perspective on work-family linkage [J]. Journal of Applied Psychology, 2001, 86: 653-663.

[196] Swanberg J E, McKechnie S P, Ojha M U, et al. Schedule control, supervisor support and work engagement: a winning combination for workers in hourly jobs[J]. Journal of Vocational Behavior, 2011, 79(3): 613-624.

[197] Taylor B L, Delcampo R G, Blancero D M. Work-family conflict/facilitation and the role of workplace supports for U. S. Hispanic professionals [J]. Journal of Organizational Behavior, 2009, 30: 643-664.

[198] Thomas L T, Ganster D C. Impact of family-supportive work variables on work-family conflict and strain: a control perspective[J]. Journal of Applied Psychology, 1995, 80(1): 6-15.

[199] Timms C, Brough P, O'Driscoll M, et al. Positive pathways to engaging workers: work-family enrichment as a predictor of work engagement [J]. Asia Pacific Journal of Human Resources, 2015, 53(4): 490-510.

[200] Torrente P, Salanova M, Llorens S, et al. Teams make it work: how team work engagement mediates between social resources and performance in teams[J]. Psicothema, 2012, 24(1): 106-112.

[201] Trompenaars F, Hampden-Turner C. Riding the waves of culture[M]. New York: McGraw-Hill, 1998.

[202] Tsang J A. Gratitude and prosocial behavior: an experimental test of gratitude[J]. Cognition & Emotion, 2006, 20(1): 138-148.

[203] Tse H H M, Lam C K, Lawrence S A, et al. When my supervisor dislikes you more than me: the effect of dissimilarity in leader-member exchange on coworkers' interpersonal emotion and perceived help[J]. Journal of Applied Psychology, 2013, 98(6): 974-988.

[204] Tsui A S, Schoonhoven C B, Meyer M W, et al. Organization and management in the midst of societal transformation: the people's republic of China[J]. Organization Science, 2004, 15(2): 133-144.

[205] Twenge J M, Campbell S M, Hoffman B J, et al. Generational differences in work values: leisure and extrinsic values increasing, social and intrinsic values decreasing[J]. Journal of Management, 2010, 36(5): 1117-1142.

[206] Tyler T R, Blader S L. The group engagement model: procedural justice, socialidentity, and cooperative behaviour[J]. Personality and Social Psychology Review, 2003, 7(4): 349-361.

[207] Tyler T R, Lind E. A. A relational model of authority in groups[J]. Advances in Experimental Social Psychology, 1992(25): 115-191.

[208] Tyler T R, Lind E A, Huo Y J. Cultural values and authority relations: the psychology of conflict resolution across cultures[J]. Psychology, Public Police, and Law, 2000, 6(4): 1138-1163.

[209] Van Steenbergen E F, Ellemers N, Mooijaart A. How work and family can facilitate each other: distinct types of work-family facilitation and out-

comes for women and men[J]. Journal of Occupational Health Psychology, 2007, 12: 279-300.

[210] Van W J, Bakker A B, Derks D. Fostering employee well-being via a job crafting intervention [J]. Journal of Vocational Behavior, 2017, 100: 164-174.

[211] Vecchio R P. Some popular (but misguided) criticisms of the organizational sciences[J]. Journal of Management Education, 1987(1): 28-34.

[212] Voydanoff P. Social integration, work-family conflict and facilitation, and job and marital quality[J]. Journal of Marriage and Family, 2005a, 67: 666-679.

[213] Voydanoff P. The differential salience of family and community demands and resources for family-to-work conflict and facilitation [J]. Journal of Family and Economic Issues, 2005b, 26: 395-417.

[214] Voydanoff P. Toward a conceptualization of perceived work-family fit and balance: a demands and resources approach[J]. Journal of Marriage and Family, 2005, 67(4): 822-836.

[215] Walster E, Walster G W, Berscheid E. Equity: theory and research[M]. Boston: Allyn and Bacon, 1978.

[216] Wang P, Walumbwa F O, Wang H, et al. Unraveling the relationship between family-supportive supervisor and employee performance [J]. Group & Organization Management, 2013, 38(2): 258-287.

[217] Wayne J H. Reducing conceptual confusion: clarifying the positive side of work and family[M]// Crane D R, Hill E J (eds.). Handbook of Families and Work: Interdisciplinary Perspectives. New York, NY: University Press of America, 2009: 105-140.

[218] Wayne J H, Casper W J, Matthew R A, et al. Family-supportive organization perceptions and organizational commitment: the mediating role of work-family conflict and enrichment and partner attitudes[J]. Journal of

Applied Psychology, 2013, 98: 606-622.

[219] Wayne J H, Grzywacz J G, Carlson D S, et al. Work-family facilitation: a theoretical explanation and model of primary antecedents and consequences[J]. Human Resource Management Review, 2007, 17(1): 63-76.

[220] Wayne J H, Musisca N, Fleeson W. Considering the role of personality in the work-family experience: relationships of the big five to work-family conflict and facilitation[J]. Journal of Vocational Behavior, 2004, 64(1): 108-130.

[221] Wayne J H, Randel A E, Stevens J. The role of identity and work-family support in work-family enrichment and its work-related consequences[J]. Journal of Vocational Behavior, 2006, 69(3): 445-461.

[222] Weiss H M, Suckow K, Cropanzano R. Effects of justice conditions on discrete emotions[J]. Journal of Applied Psychology, 1999, 84(5): 786-794.

[223] Wellins R S, Concelman J. Personal engagement: driving growth at the see-level[J]. Catalyst, 2005(1): 18-22.

[224] Westman M. Stress and strain crossover[J]. Human Relations, 2001, 54: 717-751.

[225] Williams A, Franch R L, Ibrahim S, Mustard C A, Layton F R. Examining the relationship between work-family spillover and sleep quality[J]. Journal of Occupational Health Psychology, 2006, 11: 27-31.

[226] Williams J C, Berdahl J L, Vandello J A. Beyond work-life "integration"[J]. Annual Review of Psychology, 2016, 67(1): 515-539.

[227] Wilson K, Sin H, Conlon D. What about the leader in leader-member exchange? The impact of resource exchanges and substitutability on the leader[J]. Academy of Management Review, 2010, 35(3): 358-372.

[228] Wu J B, Tsui A S, Kinicki A J. Consequences of differentiated leader-

ship in groups[J]. Academy of Management Journal, 2010, 53(1): 90-106.

[229] Xanthopoulou D, Bakker A B, Demerouti E, et al. Work engagement and financial returns: a diary study on the role of job and personal resources[J]. Journal of Occupational and Organizational Psychology, 2009, 82(1): 183-200.

[230] Yang L S. The concept of pao as a basis for social relations in China [M]// Fairbank J K (eds.). Chinese Thought and Institutions. Chicago: University of Chicago Press, 1957: 291-309.

[231] Yang N, Chen C C, Choi J, et al. Sources of work-family conflict: a Sino-U. S. comparison of the effects of work and family demands[J]. Academy of Management Journal, 2000, 43: 113-123.

[232] Zhang X, Li N, Ullrich J, et al. Getting everyone on board the effect of differentiated transformational leadership by CEOs on top management team effectiveness and leader-rated firm performance[J]. Journal of Management, 2015, 41(7): 1898-1933.

[233] Zhang Y C, Xu S, Jin J F, et al. The within and cross domain effects of work-family enrichment: a meta-analysis[J]. Journal of Vocational Behavior, 2018, 104: 210-227.

[234] Zhong L F, Wayne S J, Liden, R. C. Job engagement, perceived organizational support, high-performance human resource practices, and cultural value orientations: a cross-level investigation[J]. Journal of Organizational Behavior, 2016, 37(6): 823-844.

[235] Zimmerman K L, Hammer L B. Work-family positive spillover: where have we been and where are we going? [J] Contemporary Occupational Health Psychology: Global Perspectives on Research, Education, and Practice, 2010, 1: 272-295.

[236] 蔡亚华, 贾良定, 尤树洋, 等. 差异化变革型领导对知识分享与团队

创造力的影响:社会网络机制的解释[J].心理学报,2013,45(5):585-598.

[237] 陈笃升,王重鸣.组织变革背景下员工角色超载的影响作用:一个有调节的中介模型[J].浙江大学学报:人文社会科学版,2015(3):143-157.

[238] 陈晓红,赵可.团队冲突、冲突管理与绩效关系的实证研究[J].南开管理评论,2010(5):31-35,52.

[239] 陈彦君,沈其泰.检验主管认同与权力距离倾向对于真诚领导与服务质量之关系的效果[J].人力资源管理学报,2015,15(1):1-25.

[240] 樊景立,郑伯埙.华人组织的家长式领导:一项文化观点的分析[J].本土心理学研究,2000,13(1):126-180.

[241] 高良谋,王磊.偏私的领导风格是否有效?——基于差序式领导的文化适应性分析与理论延展[J].经济管理,2013,35(4):183-194.

[242] 姜定宇,张菀真.华人差序式领导与部属效能[J].本土心理学研究,2010(33):109-177.

[243] 姜海,马红宇,谢菊兰,等.家庭支持型主管行为对员工工作态度的影响:有调节的中介效应分析[J].心理科学,2015,38(5):1194-1200.

[244] 郎淳刚,席酉民,郭士伊.团队内冲突对团队决策质量和满意度影响的实证研究[J].管理评论,2007,19(7):10-15.

[245] 李锐,田晓明,柳士顺.仁慈领导会增加员工的亲社会性规则违背吗[J].心理学报,2015,47(5):637-652.

[246] 梁宏宇,陈石,熊红星,等.人际感恩:社会交往中重要的积极情绪[J].心理科学进展,2015,23(3):479-488.

[247] 廖建桥,赵君,张永军.权力距离对中国领导行为的影响研究[J].管理学报,2010,7(7):988-992.

[248] 林姿葶,郑伯埙.华人领导者的嘘寒问暖与提携教育:仁慈领导之双构面模式[J].本土心理学研究,2012(37):253-302.

[249] 凌文辁. 中国文化与华人组织的领导[J]. 本土心理学研究, 2000 (13): 195-202.

[250] 刘军, 章凯, 仲理峰. 工作团队差序氛围的形成与影响: 基于追踪数据的实证分析[J]. 管理世界, 2009(8): 92-101.

[251] 刘鑫, 杨东涛. 互动公平对工作敬业度的影响——信任领导的中介作用及自我建构的调节作用[J]. 软科学, 2015(3): 84-87.

[252] 刘永强, 赵曙明. 工作家庭冲突的影响因素及其组织行为后果的实证研究[J]. 经济学研究, 2006(5): 1-9.

[253] 马红宇, 邱慕梦, 唐汉瑛, 等. 家庭支持型主管行为研究述评与展望[J]. 外国经济与管理, 2016, 38(10): 89-101.

[254] 蒲清平, 朱丽萍. 大学生"知恩图报"的心理反应特点[J]. 心理科学, 2012, 35(5): 1185-1189.

[255] 任现品. 略论儒家文化的感恩意识[J]. 孔子研究, 2005, 1(1): 93-100.

[256] 孙立平. "关系"、社会关系与社会结构[J]. 社会学研究, 1996(5): 20-30.

[257] 唐君毅. 说中国人文中的报恩精神[M]. 唐君毅先生全集, 1991: 87-97.

[258] 王国锋, 李懋, 井润田. 高管团队冲突、凝聚力与决策质量的实证研究[J]. 南开管理评论, 2007, 10(5): 89-93.

[259] 王永丽, 何熟珍. 工作家庭冲突研究综述: 跨文化视角[J], 管理评论, 2008(5)21-27.

[260] 王震, 仲理峰. 领导-成员交换关系差异化研究评述与展望[J]. 心理科学进展, 2011, 19(7): 1037-1046.

[261] 吴艳, 温忠麟. 结构方程建模中的题目打包策略[J]. 心理科学进展, 2011, 19(12): 1859-1867.

[262] 杨国枢. 中国人的社会取向: 社会互动的观点[M]//杨国枢, 余安邦. 中国人的心理与行为——理论及方法篇. 台北: 台北桂冠图书公司,

1992.

[263] 杨红明, 廖建桥. 公务员敬业度及其影响因素的实证研究[J], 管理学报, 2011, 8(6): 865-871.

[264] 杨中芳. 选择文化心理学研究课题之我见[J]. 心理学探新, 2014, 34(1): 3-6.

[265] 喻承甫, 张卫, 李董平, 等. 感恩及其与幸福感的关系[J]. 心理科学进展, 2010, 18(7): 1110-1121.

[266] 张艳清, 王晓晖, 张秀娟. 差异化变革型领导研究述评与展望[J]. 外国经济与管理, 2015, 37(8): 43-53.

[267] 张燕, 怀明云. 威权式领导行为对下属组织公民行为的影响研究——下属权力距离的调节作用[J]. 管理评论, 2012, 24(11): 97-105.

[268] 张轶文, 甘怡群. 中文版Utrecht工作投入量表(UWES)的信效度检验[J]. 中国临床心理学杂志, 2005(3): 268-270, 281.

[269] 张志学, 鞠冬, 马力. 组织行为学研究的现状: 意义与建议[J] 心理学报, 2014, 46(2): 265-284.

[270] 张志学. 组织心理学研究的情境化及多层次理论[J]. 心理学报, 2010, 42(1): 10-21.

[271] 赵可汗, 贾良定, 蔡亚华, 等. 抑制团队关系冲突的负效应: 一项中国情境的研究[J]. 管理世界, 2014(3): 119-130.

[272] 郑伯埙, 华人文化与组织领导: 由现象描述到理论验证[J]. 本土心理学研究, 2004(22): 195-251.

[273] 郑伯埙. 差序格局与华人组织行为[J]. 本土心理学研究, 1995, 17(3): 142-219.

[274] 郑伯埙. 华人组织行为研究的方向与策略: 由西化到本土化[J]. 本土心理学研究, 2005(24): 191-245.

[275] 郑伯埙. 家族主义与领导行为[M]//. 杨中芳, 高尚仁. 中国人中国心: 人格与社会篇. 台北: 台湾远流出版事业股份有限公司, 1991.

[276] 郑晓明, 刘鑫. 互动公平对员工幸福感的影响: 心理授权的中介作用

与权力距离的调节作用[J]. 心理学报, 2016, 48(6): 693-709.

[277] 周浩, 龙立荣. 共同方法偏差的统计检验与控制方法[J]. 心理科学进展, 2004, 12(6): 942-950.

[278] 周路路, 赵曙明, 战冬梅. 工作-家庭增益研究综述[J], 外国经济与管理, 2009(7): 51-58.

[279] 周明建, 潘海波, 任际范. 团队冲突和团队创造力的关系研究: 团队效能的中介效应[J]. 管理评论, 2014, 26(12): 120-130.

[280] 周明建, 侍水生. 领导—成员交换差异与团队关系冲突: 道德型领导力的调节作用[J]. 南开管理评论, 2013, 16(2): 26-35.

[281] 朱其权, 龙立荣. 互动公平研究评述[J]. 管理评论, 2012(4): 101-106.

[282] 邹文篪, 田青, 刘佳. "投桃报李"——互惠理论的组织行为学研究述评[J]. 心理科学进展, 2012, 20(11): 1879-1888.

附录 研究所用量表

一、第三章调查问卷

尊敬的企业界朋友：

您好！感谢您抽空填写本问卷！这是一份关于组织行为的调查问卷，所有回答仅供学术研究之用，请根据您的真实想法填写。本问卷无需署名，答案无对错之分，不会透露任何有关您的个人信息，敬请放心填答。如果您对问卷的内容有什么疑问或者需要问卷的测试结果，可以联系研究者。衷心感谢您的支持，祝您身体健康、工作顺利！

调查负责人：

联系电话：

第一部分：基本信息

以下是与您本人相关的一些基本信息，请您就每题进行填写或选择（☑）。

1. 性别：____　　2. 工作年限：____年

3. 与直接上司的共事年限：____年

4. 年龄：①□25 岁以下　②□25~34 岁　③□35~44 岁　④□45~54 岁　⑤□55 岁以上

5. 教育程度：①□高中及以下　②□大专　③□本科　④□研究生及

以上

6. 您有____个小孩，最小的小孩约____岁

第二部分：问卷

		1 非常不符	2 比较不符	3 有点不符	4 有点相符	5 比较相符	6 非常相符
问卷1	下面是一些有关您的<u>直接上司</u>的各项描述，请您根据实际情况，选择一个符合该描述程度的数值，并打"√"，数值越大，符合程度越高，1为非常不符，6为非常相符。						
1	上司愿意倾听我在平衡工作和家庭生活时所遇到的困难。						
2	上司花时间了解我的个人需求。						
3	与上司谈论我的工作与家庭生活冲突时，他/她让我感觉舒服。						
4	我和上司可以通过有效的讨论以解决工作与家庭生活的冲突。						
5	我可以指望上司帮我解决工作行程安排与家庭事项相冲突的问题。						
6	如果家里突然有急事，上司可以妥善安排我的工作任务。						
7	上司能和员工们一起有效地处理工作与家庭生活的冲突。						
8	在工作与家庭生活的平衡上，上司是一个好榜样。						
9	如何兼顾工作与家庭生活，上司展现出了有效的行为。						
10	如何同时取得事业成功与家庭幸福，上司做出了示范。						
11	上司会考虑如何安排工作以使员工和公司共同受益。						
12	上司会寻求建议以更好地帮助员工取得工作和家庭生活的平衡。						

续表

问卷1 下面是一些有关您的<u>直接上司</u>的各项描述，请您根据实际情况，选择一个符合该描述程度的数值，并打"√"，数值越大，符合程度越高，1为非常不符，6为非常相符。	1 非常不符	2 比较不符	3 有点不符	4 有点相符	5 比较相符	6 非常相符
13	上司会创造性地重新分配工作任务以使整个团队更有效率地工作。						
14	上司能够管理好整个团队并尽量满足每个成员的需求。						
15	上司愿意竭尽全力地帮助我完成我力所能及的工作。						
16	上司为我的工作业绩感到骄傲。						
17	上司试图使我的工作尽可能有趣。						

问卷2 下面是一些有关您对<u>工作与家庭角色</u>感受的各项描述，请您根据实际情况，选择一个符合该描述程度的数值，并打"√"，数值越大，符合程度越高，1为非常不符，6为非常相符。	1 非常不符	2 比较不符	3 有点不符	4 有点相符	5 比较相符	6 非常相符
1	工作让我学会耐心和宽容，使我在家庭生活中表现更好。						
2	工作让我开阔视野并掌握新知识，使我在家庭生活中表现更好。						
3	工作让我掌握经验和技巧，使我在家庭生活中表现更好。						
4	工作带给我的好心情，使我在家庭生活中表现更好。						
5	工作带给我的快乐感，使我在家庭生活中表现更好。						
6	工作带给我的兴奋感，使我在家庭生活中表现更好。						

续表

		1 非常不符	2 比较不符	3 有点不符	4 有点相符	5 比较相符	6 非常相符
问卷2 下面是一些有关您对工作与家庭角色感受的各项描述,请您根据实际情况,选择一个符合该描述程度的数值,并打"√",数值越大,符合程度越高,1为非常不符,6为非常相符。							
7	工作带给我的充实感,使我在家庭生活中表现更好。						
8	工作带给我的满足感,使我在家庭生活中表现更好。						
9	工作带给我的成就感,使我在家庭生活中表现更好。						
10	家庭生活让我学会耐心和宽容,使我在工作中表现更好。						
11	家庭生活让我开阔视野并掌握新知识,使我在工作中表现更好。						
12	家庭生活让我获得经验和技巧,使我在工作中表现更好。						
13	家庭生活带给我的好心情,使我在工作中表现更好。						
14	家庭生活带给我的快乐感,使我在工作中表现更好。						
15	家庭生活带给我的兴奋感,使我在工作中表现更好。						
16	家庭生活让我不会浪费工作时间,使我在工作中表现更好。						
17	家庭生活让我更会利用工作时间,使我在工作中表现更好。						
18	家庭生活让我在工作中更加专注,使我在工作中表现更好。						

问卷3 下面是一些有关您本人在工作中感受的描述，请您根据实际情况，选择一个符合该描述程度的数值，并打"√"，数值越大，符合程度越高，1 为非常不符，6 为非常相符。	1 非常不符	2 比较不符	3 有点不符	4 有点相符	5 比较相符	6 非常相符
1	在工作中，我充满活力。						
2	在工作中，我精力充沛。						
3	早晨一起床，我就想去工作。						
4	我对自己的工作充满热情。						
5	工作激发了我的灵感。						
6	我为自己所从事的工作感到自豪						
7	当我专注于工作时，我感到身心快乐。						
8	我沉浸在我的工作之中。						
9	我在工作时会达到忘我的境界。						

问卷至此结束，您辛苦了！最后请您检查有无遗漏的题项，再次感谢您的合作与支持！

二、第四章调查问卷

尊敬的企业界朋友：

您好！感谢您抽空填写本问卷！这是一份关于组织行为的调查问卷，所有回答仅供学术研究之用，请根据您的真实想法填写。本问卷无需署名，答案无对错之分，不会透露任何有关您的个人信息，敬请放心填答。如果您对问卷的内容有什么疑问或者需要问卷的测试结果，可以联系研究者。衷心感谢您的支持，祝您身体健康、工作顺利！

调查负责人：

联系电话：

第一部分：基本信息

以下是与您本人相关的一些基本信息，请您就每题进行填写或选择（☑）。

1. 性别：____ 2. 工作年限：____年
3. 与直接上司的共事年限：____年
4. 年龄：①□25岁以下 ②□25～34岁 ③□35～44岁 ④□45～54岁 ⑤□55岁以上
5. 教育程度：①□高中及以下 ②□大专 ③□本科 ④□研究生及以上
6. 您有____个小孩，最小的小孩约____岁

第二部分：问卷

问卷1 下面是一些有关您的<u>直接上司</u>的各项描述，请您根据实际情况，选择一个符合该描述程度的数值，并打"√"，数值越大，符合程度越高，1为非常不符，6为非常相符。	1 非常不符	2 比较不符	3 有点不符	4 有点相符	5 比较相符	6 非常相符
1	上司愿意倾听我在平衡工作和家庭生活时所遇到的困难。						
2	上司花时间了解我的个人需求。						
3	与上司谈论我的工作与家庭生活冲突时，他/她让我感觉舒服。						
4	我和上司可以通过有效的讨论以解决工作与家庭生活的冲突。						
5	我可以指望上司帮我解决工作行程安排与家庭事项相冲突的问题。						
6	如果家里突然有急事，上司可以妥善安排我的工作任务。						

续表

问卷1 下面是一些有关您的直接上司的各项描述,请您根据实际情况,选择一个符合该描述程度的数值,并打"√",数值越大,符合程度越高,1为非常不符,6为非常相符。	1 非常不符	2 比较不符	3 有点不符	4 有点相符	5 比较相符	6 非常相符
7 上司能和员工们一起有效地处理工作与家庭生活的冲突。						
8 在工作与家庭生活的平衡上,上司是一个好榜样。						
9 如何兼顾工作与家庭生活,上司展现出了有效的行为。						
10 如何同时取得事业成功与家庭幸福,上司做出了示范。						
11 上司会考虑如何安排工作以使员工和公司共同受益。						
12 上司会寻求建议以更好地帮助员工取得工作和家庭生活的平衡。						
13 上司会创造性地重新分配工作任务以使整个团队更有效率地工作。						
14 上司能够管理好整个团队并尽量满足每个成员的需求。						
15 上司愿意竭尽全力地帮助我完成我力所能及的工作。						
16 上司为我的工作业绩感到骄傲。						
17 上司试图使我的工作尽可能有趣。						

问卷2 下面是一些有关您与直接上司互动后感受的描述，请您根据实际情况，选择一个符合该描述程度的数值，并打"√"，数值越大，符合程度越高，1为非常不符，6为非常相符。	1 非常不符	2 比较不符	3 有点不符	4 有点相符	5 比较相符	6 非常相符
1 当我有机会时，我会回报上司对我的友善。						
2 我感激上司对我的友善。						
3 即使牺牲我个人的利益，我也愿意为我的上司工作。						
4 我愿意帮助上司去处理他/她的私事。						
5 我愿意为上司所犯的错误承担责任。						
6 为了维护上司的利益，我会牺牲我个人的利益。						

问卷3 下面是一些有关您本人在工作中感受的描述，请您根据实际情况，选择一个符合该描述程度的数值，并打"√"，数值越大，符合程度越高，1为非常不符，6为非常相符。	1 非常不符	2 比较不符	3 有点不符	4 有点相符	5 比较相符	6 非常相符
1 在工作中，我充满活力。						
2 在工作中，我精力充沛。						
3 早晨一起床，我就想去工作。						
4 我对自己的工作充满热情。						
5 工作激发了我的灵感。						
6 我为自己所从事的工作感到自豪						
7 当我专注于工作时，我感到身心快乐。						
8 我沉浸在我的工作之中。						
9 我在工作时会达到忘我的境界。						

问卷4 下面是有关您对一些问题持有看法的描述,请您根据实际情况,选择一个符合该描述程度的数值,并打"√",数值越大,符合程度越高,1为非常不符,6为非常相符。	1 非常不符	2 比较不符	3 有点不符	4 有点相符	5 比较相符	6 非常相符
1 上司进行大多数决策时,并不需要咨询下属的意见。						
2 上司应该拥有一些特权。						
3 上司频繁征询下属的意见是不明智的。						
4 上司应该避免与下属有工作之外的交往。						
5 下属一般不应该反对上司的决策。						
6 上司不应该将重要的任务授权给下属自行处理。						

问卷至此结束,您辛苦了!最后请您检查有无遗漏的题项,再次感谢您的合作与支持!

三、第五章调查问卷

尊敬的企业界朋友:

您好!感谢您抽空填写本问卷!这是一份关于组织行为的调查问卷,所有回答仅供学术研究之用,请根据您的真实想法填写。本问卷无需署名,答案无对错之分,不会透露任何有关您的个人信息,敬请放心填答。如果您对问卷的内容有什么疑问或者需要问卷的测试结果,可以联系研究者。衷心感谢您的支持,祝您身体健康、工作顺利!

调查负责人:

联系电话:

第一部分:基本信息

以下是与您本人相关的一些基本信息,请您就每题进行填写或选择(☑)。

1. 性别：____   2. 工作年限：____年

3. 与直接上司的共事年限：____年

4. 年龄：①□25 岁以下　②□25~34 岁　③□35~44 岁　④□45~54 岁　⑤□55 岁以上

5. 教育程度：①□高中及以下　②□大专　③□本科　④□研究生及以上

6. 您有____个小孩，最小的小孩约____岁

第二部分：问卷

问卷1 下面是一些有关您的直接上司的各项描述，请您根据实际情况，选择一个符合该描述程度的数值，并打"√"，数值越大，符合程度越高，1为非常不符，6为非常相符。	1 非常不符	2 比较不符	3 有点不符	4 有点相符	5 比较相符	6 非常相符
1	上司愿意倾听我在平衡工作和家庭生活时所遇到的困难。						
2	上司花时间了解我的个人需求。						
3	与上司谈论我的工作与家庭生活冲突时，他/她让我感觉舒服。						
4	我和上司可以通过有效地讨论以解决工作与家庭生活的冲突。						
5	我可以指望上司帮我解决工作行程安排与家庭事项相冲突的问题。						
6	如果家里突然有急事，上司可以妥善安排我的工作任务。						
7	上司能和员工们一起有效地处理工作与家庭生活的冲突。						
8	在工作与家庭生活的平衡上，上司是一个好榜样。						
9	如何兼顾工作与家庭生活，上司展现出了有效的行为。						

续表

问卷1 下面是一些有关您的直接上司的各项描述,请您根据实际情况,选择一个符合该描述程度的数值,并打"√",数值越大,符合程度越高,1为非常不符,6为非常相符。	1 非常不符	2 比较不符	3 有点不符	4 有点相符	5 比较相符	6 非常相符
10 如何同时取得事业成功与家庭幸福,上司做出了示范。						
11 上司会考虑如何安排工作以使员工和公司共同受益。						
12 上司会寻求建议以更好地帮助员工取得工作和家庭生活的平衡。						
13 上司会创造性地重新分配工作任务以使整个团队更有效率地工作。						
14 上司能够管理好整个团队并尽量满足每个成员的需求。						
15 上司愿意竭尽全力地帮助我完成我力所能及的工作。						
16 上司为我的工作业绩感到骄傲。						
17 上司试图使我的工作尽可能有趣。						

问卷2 下面是一些有关您本人在工作中感受的描述,请您根据实际情况,选择一个符合该描述程度的数值,并打"√",数值越大,符合程度越高,1为非常不符,6为非常相符。	1 非常不符	2 比较不符	3 有点不符	4 有点相符	5 比较相符	6 非常相符
1 在工作中,我充满活力。						
2 在工作中,我精力充沛。						
3 早晨一起床,我就想去工作。						
4 我对自己的工作充满热情。						
5 工作激发了我的灵感。						
6 我为自己所从事的工作感到自豪						
7 当我专注于工作时,我感到身心快乐。						
8 我沉浸在我的工作之中。						
9 我在工作时会达到忘我的境界。						

问卷3 下面是一些有关您对团队成员之间关系感受的描述，请您根据实际情况，选择一个符合该描述程度的数值，并打"√"，数值越大，符合程度越高，1为非常不符，6为非常相符。	1 非常不符	2 比较不符	3 有点不符	4 有点相符	5 比较相符	6 非常相符
1 我所在的团队经常有关系紧张的情况。						
2 我所在的团队经常出现争吵、闹纠纷的情况。						
3 我所在的团队经常发生情绪冲突的情况。						

问卷4 下面是一些有关您的团队在工作中感受的描述，请您根据实际情况，选择一个符合该描述程度的数值，并打"√"，数值越大，符合程度越高，1为非常不符，6为非常相符。	1 非常不符	2 比较不符	3 有点不符	4 有点相符	5 比较相符	6 非常相符
1 在工作中，我们充满活力。						
2 在工作中，我们精力充沛。						
3 早晨刚开始上班，我们就想投入工作中。						
4 我们对工作充满热情。						
5 工作激发了我们的灵感。						
6 我们为自己所从事的工作感到自豪。						
7 当我们专注于工作时，我们感到身心快乐。						
8 我们沉浸在工作之中。						
9 我们在工作时会达到忘我的境界。						

问卷至此结束，您辛苦了！最后请您检查有无遗漏的题项，再次感谢您的合作与支持！